O menino que voltou do céu

KEVIN & ALEX MALARKEY

O menino que voltou do céu

Um notável relato de milagres, anjos e de uma vida que vai além deste mundo

Traduzido por Degmar Ribas

1ª Edição

CPAD

Rio de Janeiro
2011

Título do original em inglês: *The boy who came back from heaven*
Tyndale House Publishers, Carol Stream, Illinois, EUA
Primeira edição em inglês: 2010
Tradução: Degmar Ribas

Preparação dos originais: Cristiane Alves
Revisão: Verônica Araujo
Capa: Luiz Felipe Kessler
Adaptação de projeto gráfico: Fagner Machado

CDD: 248.5-Testemunho Pessoal
ISBN: 978-85-263-1105-3

As citações bíblicas foram extraídas da versão Almeida Revista e Corrigida, edição de 1995, da Sociedade Bíblica do Brasil, salvo indicação em contrário.

Para maiores informações sobre livros, revistas, periódicos e os últimos lançamentos da CPAD, visite nosso site: http://www.cpad.com.br

SAC — Serviço de Atendimento ao Cliente: 0800-021-7373

Casa Publicadora das Assembleias de Deus
Av. Brasil, 34.401 - Bangu - Rio de Janeiro - RJ
CEP 21.852-002

1ª edição: 2011

Agradecimentos

Como Alex e eu poderíamos começar a agradecer a qualquer pessoa sem antes agradecer a Deus, no Céu, que salvou as nossas duas vidas em 14 de novembro de 2004, e que é a razão pela qual temos o propósito e a esperança que permeiam as nossas vidas?

Agradeço a Beth, que teve uma visão do que a história de Alex poderia fazer para ajudar outras pessoas. O seu trabalho incansável por nosso filho vai além de qualquer descrição. Agradeço a vocês, Aaron, Gracie, e Ryan, por sempre tentar entender a atenção que Alex recebe, e também por entender que Deus, a sua mãe, e eu amamos vocês tanto quanto amamos seu irmão mais velho.

Agradeço aos milhares e milhares de pessoas que oraram, e têm orado diariamente por muitos anos pela nossa família. Vocês desempenharam um papel importante, que tentamos mostrar em nossa história. E, ainda mais importante do que isto, as suas orações estão guardadas no Céu. Obrigado, pastor Brown, pastor Ricks, e todas as outras maravilhosas pessoas que organizaram esforços para auxiliar a nossa família.

Agradeço a todas as pessoas incríveis de Tyndale House, que não apenas converteram a nossa história em um livro, mas que se tornaram membros essenciais do apoio de oração por Alex e o resto de nossa equipe. Alex deseja fazer uma menção especial a seu amigo, Stephen Vosloo, que trabalhou em todas as fotografias do livro e que continuamente traz um sorriso ao rosto de Alex, desde o dia em que se conheceram. Agradeço a Lisa Jackson, Kim Miller, e Jan Long

Harris por nos ajudar a organizar a nossa história. Agradeço também a Rob Suggs pela sua ajuda no manuscrito.

Agradeço a Matt Jacobson, por — há alguma coisa que você não fez? — orar, escrever, editar e servir como nosso agente e, acima de tudo, como nosso amigo.

Eu também gostaria de agradecer aos meus pais, porque sempre acreditaram em mim e porque me apresentaram ao Deus que agora sirvo. Agradeço, também, aos pais de Beth, que me ensinaram sobre a coragem e a graça durante tempos difíceis.

Por fim, gostaria de agradecer ao meu filho Alex. Você é o meu herói, e a pessoa com quem mais quero me parecer, quando eu crescer.

Sumário

Introdução

Fomos criados para muito mais que as coisas deste mundo.

Às vezes, nós podemos perceber isso. Temos um sentimento de que, apesar dos nossos melhores esforços, não pertencemos a este lugar, que este não é o nosso destino final. Temos fomes e sedes profundas, que não podem ser satisfeitas.

Na verdade, quando tentamos fazer deste mundo o nosso lar, a nossa segurança e o lugar de nosso conforto, simplesmente acabamos nos sentindo desapontados ou vazios. É por isso que um grande santo da Igreja se sentiu motivado a escrever: "Os nossos corações estão inquietos, até que encontrem o seu descanso em Ti".

O nosso lar é o Céu. Mas o que é o Céu? O Céu irradia o esplendor da glória de Deus. Ele está cheio com a música de anjos em adoração e a beleza de uma paisagem que não se deteriorou. Como o Céu é a morada de Deus, os que entram por suas portas sentem apenas paz, esperança, fé e amor — a verdadeira essência do próprio Deus.

Por mais que ansiemos pelo Céu, há um problema. Sabemos pouco sobre o lugar em que fomos criados para viver. Você conhece alguém que já esteve lá? Você viu alguma fotografia do lugar? Certamente você pode ter ouvido histórias de luzes brancas e túneis, contadas por pessoas que passaram pela morte e então retornaram a esta vida. Mas, se existisse uma pessoa que tivesse estado no Céu... *que tivesse realmente passado pelas suas portas...* e permanecido ali por um período suficiente para aprender sobre o lugar? Você estaria interessado no que essa pessoa tivesse a dizer?

Bem, eu conheço uma pessoa assim. É o meu filho, William Alexander Malarkey. Nós o chamamos Alex.

Em novembro de 2004, Alex e eu sofremos um acidente de carro. O acidente foi tão terrível que não se esperava que Alex, que tinha seis anos na época, sobrevivesse, e um oficial médico chegou a sugerir que fosse chamado o médico legista. Posteriormente, no hospital, Alex esteve em coma durante dois meses. Ele passou este período no Céu, e quando retornou para nós, teve muito a dizer sobre a sua experiência.

Sei que você pode estar pensando: *Um menino vai para o Céu e volta para nos contar sobre ele? Ora, convenhamos!*

Não estou aqui para bater um tambor, para convencer você de um argumento teológico ou forçar você a validar as experiências de Alex. Mas humildemente eu ofereço um desafio: suspenda a sua crítica por apenas alguns capítulos.

Penso que a sua vida poderá se modificar para sempre.

Às vezes, não tenho ideia do que pensar sobre a vida sobrenatural de Alex — não tenho uma caixa teológica onde guardar isso. Mas todos os que dedicaram algum tempo para conhecer Alex concordam: ele é um menino notável, sobre o qual Deus colocou a sua mão, para os seus propósitos.

O que você vai ler a seguir inclui descrições físicas de partes do Céu, uma narrativa da maneira como Alex e Deus às vezes conversam, diretamente, e detalhes sobre a experiência direta de Alex com anjos, demônios e, sim, o próprio Diabo.

O Céu é real. Há um mundo invisível em ação — uma dimensão espiritual intensamente ativa, bem aqui na terra, à nossa volta. E grande parte dessa atividade nos impede de nos concentrar no nosso destino futuro, o lugar onde passaremos a eternidade.

Alex esteve ali. E se o seu coração estiver inquieto, se você já desejou mais do que este mundo oferece, eu convido você a acompanhar Alex na sua jornada para o Céu, e a sua volta.

CAPÍTULO 1

NAS ENCRUZILHADAS

A estrada reta e vazia era uma ilusão de ótica mortal.

As folhas mal se mantinham presas aos velhos carvalhos que ladeavam a estrada naquela manhã fria de novembro. Enquanto Alex e eu seguíamos para a igreja em meu velho Honda Civic, finalmente comecei a relaxar da sensação de pressa que havia sentido enquanto fazia com que o meu filho mais velho se vestisse e saísse de casa.

Em nossa família, como em muitas outras, organizar-se para ir à igreja envolvia lutar contra as forças do caos. Nós já estávamos atrasados quando Alex correu pela casa, completamente nu, para assistir a um programa sobre a natureza na televisão, em vez de se vestir, como lhe havíamos dito. Nada de roupas, nada de café da manhã, e, honestamente, nada de obediência à mamãe, tudo isto resultou em nervos tensos e impaciência. Porém, outro fato estava acontecendo na nossa família.

No dia anterior, o nosso recém-nascido, Ryan, havia deixado o hospital e vindo para casa. Isto atualizava a soma em quatro filhos, com a idade máxima de seis anos. Será que alguém realmente está pronto para quatro filhos pequenos? Parecia que a melhor maneira de preservar algum senso de normalidade era que, pelo menos, dois de nós fôssemos à igreja naquele dia.

Agora, espiando pelo espelho retrovisor, sorri, enquanto os olhos de Alex dançavam para mim.

"Ei, companheiro, estou contente porque você está comigo hoje".

"Eu também, papai. É um momento Papai-Alex, não é?"

"Isso mesmo, Alex. Só você e eu!"

Alex era meu companheiro. Desde o início, nós havíamos feito tudo junto e havíamos ido a todos os lugares juntos. Vários dos "Barneys" de Alex estão sempre por perto. Algumas crianças têm um animal indefinido. Algumas crianças têm um cobertor como proteção. Alex tinha seus "Barneys" — pequenos pedaços de pano que ele gostava de mastigar. Alex, com seis anos, era o meu filho mais velho, de quatro — *quatro!* Que número fantástico! Agora era preciso me acostumar com a ideia.

Nós continuamos no carro, em silêncio. Como que sondando involuntariamente o futuro, os meus olhos fixos no horizonte, em um futuro que parecia cheio com iguais medidas de riquezas, e, sinceramente, incertezas. O peso da responsabilidade de ser "Papai" de quatro filhos pequenos me pressionou. A profunda inspiração que, sem me dar conta, suguei, foi exalada com ruído. Eu não pude evitar pensar nas despesas médicas.

Recentemente nós havíamos mudado o nosso plano de saúde, e não estaríamos cobertos para gravidez durante mais alguns meses. Chegar sem uma cobertura médica não tornou o nosso pequeno menino nem um pouco menos maravilhoso, mas não havia como evitar — tornou a sua vida brutalmente cara.

Folhas varreram a rua, o sinal de uma brisa enrijecedora. A estação estava mudando. *Tudo* estava mudando — casa nova, igreja nova, bebê novo. Estações são naturais e boas. Nós estávamos embarcando em uma nova estação em nossa família — outro filho. Isso também era natural e bom. Os problemas com o dinheiro seriam resolvidos. Sempre eram. O rápido novo enfoque trouxe uma sensação de tranquilidade e me ajudou a saborear o que havia acontecido ontem: eu e Beth, minha bela esposa, havíamos ocupado as horas com múltiplos turnos de segurar, tocar e brincar com o nosso recém-nascido.

Alex não quis.

"Venha aqui, Alex", disse eu. "Você é o irmão mais velho dele. Venha segurar o bebê Ryan".

"Papai, não quero. Posso apenas segurar a câmera? Não gosto de segurar bebês".

Estudei o meu filho mais velho por um momento e Beth e eu trocamos olhares.

"Claro, filho, tome, você segura a câmera".

Quem pode entender a mente de um menininho? Ele ficaria mais próximo e íntimo do bebê Ryan no seu próprio ritmo. Por que forçá-lo?

A nossa chegada ao estacionamento da igreja me trouxe de volta ao presente. Beth e o novo bebê agora estavam descansando em casa, com Gracie, de dois anos, e Aaron, de quatro, e Alex e eu estávamos prestes a conhecer algumas pessoas novas. Nós estivemos nesta igreja apenas algumas poucas vezes.

Antes de sair do carro, me ocorreu novamente tudo aquilo de que eu realmente devia ser agradecido, o quanto eu fui abençoado, o quanto me fora dado: nós tínhamos um novo membro em nossa família, ao mesmo tempo em que nos tornávamos membros de uma nova família na igreja, tendo nos mudado para uma nova casa no campo pouco tempo antes. Embora o meu consultório de psicoterapia não estivesse muito agitado ultimamente, eu tinha uma profissão — diferente de muitas pessoas.

Mas será que eu estava verdadeiramente agradecido? Sim, mais ou menos... de forma geral. A presença contínua de despesas que aumentavam cada vez mais tem uma forma de exigir atenção, de obscurecer todas as boas coisas, de distorcer a beleza que nos rodeia e que enche as nossas vidas. É como o gotejar irritante da torneira que você não consegue consertar, ou, no meu caso, como o chiado agudo de um detector de fumaça, advertindo sobre as contas menores que haviam sido pagas, e do pagamento da hipoteca que ainda não havia sido enviado... pelo segundo mês consecutivo. A verdade é que a nuvem da pressão financeira obscurecia o belo e revigorante brilho do sol das verdades de Deus para mim. Ainda assim, era domingo, e aos domingos, em nossa família, vamos à igreja.

Alex se dirigiu à sua sala de aula, eu me sentei, sorri educadamente a todos os que faziam contato visual comigo ao procurar assentos no auditório, mas minha mente se consumia, outra vez, com a imagem de nossa cesta de contas a pagar, que parecia me olhar todas as vezes que eu passava pela porta de entrada de casa. O cântico terminou, e de repente eu estava de volta ao presente, com o pastor Gary Brown abrindo a sua Bíblia no púlpito, e falando:

"Nós estivemos explorando diferentes aspectos do caráter de Deus. Ele se identificou nas Escrituras usando vários nomes. Hoje nós estamos considerando como Deus se revelou a nós, com relação às nossas necessidades: Jeová-Jireh. Assegurar que nós tenhamos o que necessitamos é uma responsabilidade que Deus assume pessoalmente, uma mensagem que Ele oferece por intermédio do seu nome, que significa, literalmente, "o Senhor proverá". Sejamos claros: Deus não disse que proveria tudo o que nos faltasse, mas que nos daria as coisas que Ele sabe que realmente necessitamos. Se Deus disse que todas as nossas necessidades são o seu interesse e responsabilidade, por que perdemos tanto tempo sendo ansiosos?"

Tive a sensação que estava com um olho de boi pintado em minha testa, com um grande dardo que o perfurava. O sermão poderia ter terminado aqui mesmo. A minha carga, tão palpável momentos antes, foi substituída por uma leveza de espírito que eu não havia sentido durante toda a manhã. Esta era apenas a minha quinta visita à igreja, de modo que não era possível que o pastor Brown tivesse conscientemente preparado este sermão sob medida para a minha situação. Mergulhei a cabeça entre as minhas mãos, e tive que sorrir com a repreensão que vinha no momento exato. Deus é o Provedor. Ele sabe o que eu necessito. Pensei outra vez sobre a nossa cesta de contas a pagar. *A primeira coisa que vou fazer, ao chegar em casa, é afixar um grande cartaz diante dela: Deus satisfará as nossas necessidades.*

Depois do culto, iniciei uma conversa com o líder das crianças. Nós caminhamos pelo gramado, no agradável ar de fim de outono, comentando a visão do pastor e da equipe em relação à sua igreja. Alex tentou ser paciente durante esta conversa de adultos. Nós trocamos olhares e sorrimos entre nós, mas era difícil para o meu pequeno amigo suportar uma conversa que, para ele, parecia que nunca teria fim. Inclinei-me e sussurrei: "Alex, você é um menino tão bonzinho... Vamos encontrar um parque a caminho de casa, está bem?"

Um grande sorriso indicou a sua aprovação.

Alguns minutos depois, Alex e eu nos dirigimos de volta ao carro, agora praticamente sozinho no estacionamento. Prendi o seu cinto de segurança no banco de trás, mas antes de me sentar atrás do volante, deixei meus olhos perambularem pelo piso até as portas da frente do edifício. Eu havia chegado com ansiedade, e estava saindo com esperança. Como é que eu pude não agradecer?

"Lembre-se, papai, temos que ir a um parque!", me chamou Alex, quando me sentei no banco do motorista.

"Pode ter certeza, Alex, mas você terá que me ajudar a encontrar um. Fique prestando atenção à sua janela".

Nós descemos a rua, procurando o parquinho com a intensidade de caçadores que espreitam a caça. Durante o curto percurso, surgiu um cemitério. Eu costumava usar a aparição de um cemitério para ensinar a Alex que cada um de nós tem um espírito. "Ei, veja, Alex, um cemitério. O que há ali?"

"Apenas corpos, papai. Os cemitérios não têm pessoas, porque quando elas morrem, os seus espíritos deixem os seus corpos e vão para a sua nova casa".

"É isso mesmo, filho. Agora, onde está esse parque?"

Não se passou muito tempo, e Alex gritou: "Veja, ali há um. Ali!"

Eu mal havia parado o carro quando Alex saltou para fora, correndo diretamente em direção às escadas, barras e rampas. Apenas alguns meses antes, em alguma lanchonete, Alex havia perdido o controle no topo do escorregador de tubo. Ali estava eu, espremendo o meu corpo de 1,87 metro pelo túnel — Papai no resgate! Nunca mais. De alguma maneira, desde então, Alex havia se transformado no Super Herói Valente. "Alex, tenha cuidado", adverti. "Você está me amedrontando, preste atenção onde você põe suas mãos e pés."

Beth geralmente estava próxima para manter o controle das coisas, mas com a sua ausência, percebi repentinamente que Alex estava correndo muitos riscos. Eu tinha uma boa razão. Alex já era um veterano do pronto-socorro (havia estado ali duas vezes!). Na sua última visita, eu realmente tenho que admitir que a escolha do momento, por parte de Alex, era boa. Ali eu estava, em um pronto-socorro, e

Alex estava levando pontos. Quando o médico terminou, entreguei Alex à sua tia e corri à sala de parto, para estar com Beth, minutos antes da chegada de Aaron! Da maneira como Alex estava dançando, pendurando-se, e balançando-se, era fácil imaginar que teríamos que fazer outra visita ao pronto-socorro hoje!

"Veja, papai, sem as mãos!"

"Você é um campeão, Alex. Agora tome cuidado".

Onde estava o meu pequeno e tímido Alex?

Depois de cerca de quinze minutos, comecei a ficar ansioso, sabendo que Beth estaria se perguntando onde estávamos.

"Venha, companheiro. É melhor voltarmos para casa. Mamãe já estará preocupada com o que pode ter acontecido conosco.

Entre o Céu e a Terra

Depois de colocar Alex em segurança no assento atrás de mim, puxei a correia do cinto, para me certificar de que estava apertada. O desafio seguinte era encontrar o caminho para casa em meio a este território pouco familiar — claro que sabia como havia chegado à igreja, mas encontrar atalhos e explorar novos caminhos são atividades que fazem parte da diversão de viver em uma nova área. Saí para a rua, e logo à frente apareceu uma bifurcação. Comecei a digitar no meu telefone celular para dizer a Beth onde eu estava.

"Ei, Alex, eu aposto que aquela rua nos levará para casa. Vamos por ela". Embora fosse uma estradinha rural, estava ladeada por várias casas em estilo fazenda, com amplos jardins.

Ring... Ring...

Parado na bifurcação, com o fone junto ao ouvido, olhei em ambas as direções, como sempre fazia. Não vinha nenhum veículo por pelo menos 800 metros. O que eu não sabia era que neste cruzamento desconhecido eu não estava olhando para uma extensão perfeitamente reta por 800 metros. Vários metros à frente, pouco antes que a estrada fizesse uma curva para a esquerda, havia um imenso declive que obscurecia qualquer coisa que pudesse estar ali. A estrada reta e vazia era uma ilusão de ótica mortal.

"Ei, Beth, como vão as coisas?... Bem, eu me envolvi em uma longa conversa depois do culto, e então nós achamos um parque, mas agora estamos a caminho de casa. Devemos chegar aí ..."

"Papai, estou com fome, quando vamos chegar em casa?"

Eu me virei para responder a Alex, enquanto ainda falava ao telefone com Beth. Entrei no cruzamento, e então...

Houve o ruído ensurdecedor de metal cortando metal e depois um silêncio brilhante. Tudo era silêncio.

+++

À medida que a falta de consciência levou a uma consciência confusa, a minha mente lutou para obter ordem a partir do caos. O frágil começo de um pensamento conseguiu chegar à clareza: *O que estou fazendo, deitado em uma vala, ao lado do meu carro?* A minha mente estava acelerada. *O que está acontecendo?* Com o primeiro lampejo de razão cintilando em minha mente, ainda enevoada, sentei, confuso. O que havia acontecido? Por que eu estava ali? Alex — ele estava comigo, não estava? *Onde está Alex? Onde está o meu filho?*

Não sei por quanto tempo estive inconsciente, mas várias pessoas já haviam corrido das casas próximas até o local do acidente. "Fique deitado. Não se mexa", implorou alguém. Não pude. Cada fibra do meu coração gritava, *Onde está Alex?* Agora que eu estava em pé, tudo parecia amortecido. Eu estava me movendo lentamente, como se estivesse andando no fundo de uma piscina. Eu gritava, cada vez mais: "Alex, Alex, Alex!" Nenhuma resposta. O meu coração batia em um ritmo de terror. O silêncio caiu como um martelo, mas logo foi interrompido pelo lamento de sirenes.

Quando a minha mente estava sendo dilacerada pelo medo, um braço gentil envolveu o meu ombro. Virei e vi os olhos bondosos de um completo estranho.

"Você se envolveu em um acidente de carro, filho. Há um garotinho que ainda está no banco traseiro do carro".

Bombeiros e policiais estavam por todas as partes, concentrando-se no que costumava ser o meu carro. Antes que eu tivesse um momento para pensar no que poderia encontrar no banco traseiro, corri, e olhei. Um cheiro ácido e desagradável invadiu os meus sentidos. Em meio a milhares de fragmentos de vidro, estofamento rasgado e metal retorcido, estava o meu filho, meu primogênito, em quem estavam os sonhos de seu pai e sua mãe, ainda preso pelo seu cinto de segurança — ainda em suas roupas de igreja. *Ele está bem, ele está bem. Ele está inconsciente, e provavelmente deve ter sofrido uma concussão, mas ele vai ficar bem.* Mas naquele momento de desespero, o que eu esperava freneticamente não se equiparava à dura realidade. E enquanto eu continuava a olhar, o terror logo superou a minha esperança. Havia sangue jorrando de um corte na testa de Alex. E o que havia de errado com a sua cabeça? Ela estava pendurada de uma maneira anormal para a esquerda, estranhamente mais baixa do que deveria estar. Os olhos vazios e assustadoramente cheios de sangue olhavam para baixo.

Alex, meu filho... ele parece morto! Eu matei o meu filho.

Uma imensa onda de incredulidade, horror e esmagadora angústia se levantou sobre mim, ameaçando me engolir. Do outro lado do carro, os paramédicos trabalhavam furiosamente, tentando remover Alex e colocá-lo sobre uma maca, todo o tempo tentando estabilizar uma passagem de ar para fazer que chegasse oxigênio aos seus pulmões.

Alguns momentos depois, um oficial médico que consultava o policial que fora o primeiro a chegar ao local disse: "Precisamos entrar em contato com o legista e cancelar o helicóptero de resgate".

"Sim, senhor, mas o helicóptero já está aterrissando".

O pânico atingiu o meu peito, e a minha respiração se converteu em curtos arquejos, enquanto a minha mente corria incontrolavelmente em meio à bagunça: *Eu sou a causa de tudo isto. Eu matei o meu filho? E as pessoas do outro carro? De onde veio o outro carro? Serei preso? Alex está realmente morto?*

+++ Ouvi um forte ruído na bifurcação, a poucos metros da porta da frente de minha casa. Eu fui bombeiro e pensei que conseguiria ajudar, por isso corri para o lugar do acidente. Quando cheguei, Kevin, que eu não conhecia na ocasião, estava em estupor. As pessoas insistiam para que ele se sentasse, uma vez que estava, obviamente, desorientado. Corri antes até o outro carro, mas ali as pessoas pareciam estar bem. Então fui até o carro de Kevin, e pude ver que havia um menino no banco de trás. Subi na parte traseira da melhor maneira que pude, mas não fazia ideia se o menino estava morto ou vivo. Eu sabia que não devia tocar a sua cabeça, mas coloquei a minha mão sobre o seu peito. Não se podia perceber a respiração do menino. Sou um homem de fé, e por isso comecei a orar por esse menino. Eu também conversei com ele, como se ele me pudesse ouvir, embora não houvesse resposta. Eu disse: "Ei, rapazinho, não se preocupe".

E eu continuava orando.

"Você vai ficar bem".

E eu continuava orando.

"Não tenha medo. Aguente firme".

E eu continuava orando.

"Você vai conseguir, amigo. A ajuda está a caminho".

Eu não tinha nenhuma indicação de que Alex estivesse vivo, mas continuava orando por ele e seu pai.

Don Tullis +++

À medida que os espectadores se ajuntaram ao redor da confusão organizada do esforço de resgate, a vergonha se derramou sobre mim — o pai que havia causado a destruição de tantas vidas. Será que todas essas pessoas estavam me condenando, secretamente? Elas estavam atrasadas. A condenação já havia invadido o fundo do meu coração. *Oh, Deus, o que foi que eu fiz?*

O medo percorreu todo o meu corpo como uma corrente elétrica. Completamente confuso quanto ao que fazer, eu virei, quando uma mão no meu ombro direito interrompeu os meus pensamentos.

"Senhor, nós encontramos este celular no carro. O senhor gostaria de telefonar para a sua esposa?"

Beth! Oh, não! Ela estava no telefone comigo, quando o acidente aconteceu. Ela ainda estava em casa, com o bebê Ryan, de dois dias de idade, e Aaron e Gracie. O que ela estaria pensando? O que ela teria ouvido? Enquanto digitava o número, decidi diminuir o crescente aperto na minha garganta.

+++

A caminho do hospital, lembro-me de ter dito a Deus: "Alex é teu. Se decidires levá-lo para casa hoje, tudo bem, mas terás que dar-me as forças para suportar".

Beth Malarkey, mãe de Alex

"Beth."

"Alô, Kevin?"

Mas no momento em que ouvi a sua voz em meu ouvido, a angústia e a vergonha explodiram em soluços.

"Oh, Beth, oh, Beth, nós sofremos um terrível acidente!" Lágrimas corriam pelo meu rosto.

"Ele está morto?", perguntou ela, com a voz baixa e calma.

"Eu não sei. Não sei. Eles o estão embarcando em um helicóptero e vão levá-lo para o Hospital Infantil. Eu sinto muito, Beth".

"Estou com as crianças. Vamos nos concentrar no que precisamos fazer agora. Encontrarei você no Hospital Infantil".

Na desordem do esforço de resgate, ouvi alguém dizer: "Conseguimos uma pulsação — muito fraca, mas está aqui". A esta altura, Beth já havia desligado o telefone e estava reunindo as crianças para fazer o percurso de uma hora e meia até o Hospital Infantil de Columbus.

Corri até o helicóptero, decidido a ir naquele voo, mas um braço forte me deteve.

"Você é o pai?" me perguntou um socorrista uniformizado.

"Sim, sou", respondi, tentando seguir em frente e subir no helicóptero.

"O senhor pode vir conosco". Mas então ele hesitou por um momento, e olhou de novo para a cena do acidente.

"Desculpe-me, mas o senhor estava também no acidente?"

"Sim, eu estava dirigindo, mas estou bem".

O tempo é sempre essencial, ainda mais no caso de Alex.

+++ Quando chegamos para ver o Alex, no local do acidente, as suas pupilas estavam fixas (não reagiam à luz), ele não estava respirando sozinho, e era difícil sentir o seu pulso. Meu parceiro e eu soubemos que o menino estava gravemente machucado, e pensamos que ele provavelmente morreria devido aos seus ferimentos. Ainda assim, fizemos o melhor que podíamos. A caminho do local do acidente, eu sentira, em meu coração, que necessitava orar antes que chegássemos, de modo que orei silenciosamente enquanto corríamos para o local. Agora, entendo o motivo.

Depois que pusemos Alex sobre uma maca, nós o levamos para o helicóptero. Kevin perguntou se podíamos orar com o seu filho, antes de levantar voo. Nós dissemos que podíamos, mas precisava ser algo realmente rápido, porque realmente precisávamos ir. Kevin começou a chorar, e nós nos preocupamos com a possibilidade de que essa oração demorasse demais. Perguntei se ele era cristão. Ele disse que sim. Disse que a enfermeira e eu também éramos. Perguntei-lhe se acreditava que Deus desejava curar o seu filho, e ele afirmou que sim. Eu disse que acreditávamos nisso, também. Depois, perguntei-lhe se me permitiria orar pelo seu filho no helicóptero. Ele concordou, e então nós agradecemos e partimos.

Quando subimos no helicóptero, rapidamente coloquei a minha mão sobre o peito de Alex e orei para que ele se recuperasse, no nome de Jesus. Então, simplesmente agradeci ao Senhor por curar Alex e acreditei que Deus estava fazendo o que Ele disse que faria, na sua Palavra.

Frequentemente oro pelos pacientes durante os voos — não todas às vezes, mas frequentemente.

Dave Knopp, paramédico +++

"Eu sinto muito, mas o senhor não pode vir conosco. O senhor precisa ser examinado em nosso hospital".

O pânico se apoderou de mim outra vez. Não ir com Alex? Impossível! Eu estava reduzido a implorar, mas não me importava. "Você precisa me deixar ir com o meu filho. Sério, estou bem. Tenho que ir com ele. Por favor, deixe-me ir com Alex... por favor?"

"Pai, eu entendo o que o senhor deve estar sentindo, mas agora, a melhor coisa que o senhor pode fazer pelo seu filho é ir ao hospital, ser liberado, e ter certeza de que está bem, e nos deixar socorrê-lo. Alex é a sua prioridade. Ele é a nossa prioridade também".

"Mas eu estou bem!", protestei. "Olhe, estou andando, estou bem. Você precisa me deixar ir com ele".

Com firmeza, mas com respeito, o paramédico disse: "Sinto muito, senhor, eu tenho que fechar as portas e ir".

"Oh, Deus, oh Deus!", gritei, orando freneticamente, "por favor, salve o meu filhinho, por favor..." Mas isso foi tudo o que consegui fazer, antes que soluços de angústia me envolvessem.

O primeiro paramédico olhou para o seu parceiro e disse, com os dentes apertados, "Temos que ir agora".

De Alex

Eu Fui ao Céu

Deixai vir os pequeninos a mim e não os impeçais, porque dos tais é o Reino de Deus.

MARCOS 10.14

Papai não viu o carro que vinha se aproximando, mas eu vi. Gosto de olhar pela janela traseira do carro de papai, e era isso o que estava fazendo quando nós começamos a virar. Eu estava justamente me preparando para dizer a ele que havia um carro quando nós sofremos o acidente.

Durante um único segundo antes que começasse toda a "ação", houve um momento de calma. Lembro de ter pensado que alguém iria morrer. Quando a calma terminou, ouvi o ruído de vidro quebrando, e vi os pés de papai saindo do carro.

Naquele momento achei que sabia quem iria morrer. Mas então vi uma coisa incrivelmente bacana. Cinco anjos estavam carregando papai fora do carro. Quatro deles carregavam o seu corpo e um estava segurando o seu pescoço e a sua cabeça. Os anjos eram grandes e musculosos, como lutadores, e tinham asas nas costas, de seus ombros até a cintura. Eu pensei que papai estivesse morto, mas tudo bem, porque os anjos iriam fazer com que ele ficasse bem.

Então olhei para o banco do passageiro, e o Diabo estava olhando nos meus olhos. Ele disse: "Sim, é isso mesmo, o seu papai está morto, e a culpa é sua". Pensei que o acidente havia sido por culpa minha, porque eu fiz uma pergunta a papai e ele virou para responder pouco antes da batida do outro carro. Não estou certo se vi papai do carro ou do Céu. Fui para o Céu pouco depois que o outro carro bateu no nosso, mas não tenho certeza do momento exato em que deixei o meu corpo. O que sei é que, enquanto eu estava no Céu, tudo era perfeito.

Isto é o que aconteceu em nosso carro, depois que o outro carro bateu no nosso. Tudo pareceu durar apenas poucos segundos. Eu ouvi o som de vidro quebrando, e tentei abaixar a minha cabeça para me proteger. Quando me abaixei, vi um pedaço de vidro no meu polegar. Foi quando percebi que tudo aquilo era real, eu tentei morder Barney. Senti uma dor na minha boca, como se tivesse mordido a minha língua. Comecei a sentir dor por todo o meu corpo. Pensei que eu seria o próximo a morrer. Porque havia algum fogo atrás de mim, as minhas costas estavam ardendo. Tentei virar a minha cabeça em direção à parte traseira do carro, mas não havia fogo. Eu conseguia ver apenas um grande círculo negro, e alguma coisa cheirava realmente mal. Senti uma terrível dor na parte posterior da minha cabeça. Parecia que havia uma faca enterrada no meu pescoço. E então percebi que a minha cabeça estava pendurada para um lado e eu não conseguia endireitá-la.

Eu tentei chamar o meu papai, mas não conseguia ouvir o som da minha voz. Imaginei que talvez a minha audição não estivesse funcionando. Então achei que o som do carro batendo em nós estava ecoando em minha cabeça. Com os meus lábios, disse: "Amo você, papai".

Acreditei que o teto do carro iria cair sobre mim. Parecia que eu estava em um avião voando na estrada. Parecia um vulcão que estava em erupção e vindo em minha direção. Eu vi os dois *air bags* explodindo. Papai voou para fora do carro antes que os *air bags* se abrissem. A janela do lado do passageiro, na parte dianteira, quebrou. O banco traseiro foi rasgado por vidro. Tinha vidro na minha mão direita, na minha axila esquerda, no meu cabelo, nas minhas partes íntimas. Eu sabia que a minha sobrancelha havia sofrido um corte, porque o sangue pingava dela. Eu sabia que minha garganta, meu nariz e meus olhos estavam sangrando. Eu sentia estar sangrando também em minha barriga, pelo cinto de segurança.

O bombeiro cortou o meu cinto de segurança, porque ele estava preso. Eles colocaram alguma coisa em minha garganta, para me fazer respirar. Enquanto estava na maca, eles me disseram que eu devia ser forte. Eles disseram que eu estava muito ferido e que ia para o hospital. Eles disseram que eu era um menino corajoso.

Passei por um túnel comprido e branco, muito brilhante. Não gostei da música no túnel; era uma música realmente feia, tocada em instrumentos com cordas muito longas.

Mas então cheguei ao Céu, e ali havia uma música vigorosa, e eu gostei muito.

No Céu, os mesmos cinco anjos que haviam ajudado papai a sair do carro estavam ali. Eles me consolaram. Papai também estava no Céu. Os anjos ficaram comigo para que papai pudesse estar sozinho com Deus. Papai teve ferimentos muito graves, como os meus, mas Deus o estava curando no Céu, para trazer glória a si mesmo — foi o que Deus me contou, mais tarde. Papai perguntou a Deus se ele poderia trocar de lugar comigo, mas Deus disse não. Deus disse que Ele me curaria mais tarde, na terra, para trazer mais glória ao seu nome.

Depois que Deus disse "não" ao papai, o espírito dele voltou para o seu corpo, ao lado do nosso carro destruído. Do Céu, eu podia ver papai, deitado na vala, ao lado do nosso carro.[1]

[1] Kevin: "Eu não tenho nenhuma lembrança de ter estado no Céu, mas Alex é enfático ao afirmar que foi isto o que aconteceu".

CAPÍTULO 2

TRÊS JORNADAS

Eu estava impaciente para chegar até Alex, mas será que eu poderia lidar com o que me esperava?

Lágrimas rolavam pelo meu rosto, enquanto as portas do helicóptero se fechavam. Quando ele começou a decolar, dei um passo para trás, e me perguntei, *Será que verei o meu menino vivo outra vez?* Sim, é isso. Eu tinha que ir ao Hospital Infantil imediatamente.

"Por favor, o senhor poderia vir comigo?"

Olhei para o lugar de onde vinha a voz, meio atordoado e ainda observando o helicóptero se afastando no céu azul.

"Senhor, por favor", continuava o paramédico, "o senhor poderia vir comigo?"

Enquanto ele ainda estava falando, uma maca apareceu de algum lugar e o segundo paramédico disse: "Por favor, deite-se aqui".

"Por que eu preciso me deitar?", protestei. Os meus pensamentos agora estavam totalmente concentrados em conseguir chegar ao Hospital Infantil tão logo fosse possível.

"Nós precisamos levá-lo ao hospital".

"Eu? Hospital? Por que preciso ir ao hospital? O meu filho precisa ir, e ele acabou de sair. Sinto muito, mas preciso chegar ao Hospital Infantil em Columbus imediatamente. Alex precisa de mim".

Apesar de toda a sua polidez e educação, uma rápida troca de olhares entre os paramédicos evidenciou a sua determinação em me levar ao hospital.

"O senhor esteve envolvido em um grave acidente", disse um deles. "O senhor deve ser examinado por um médico, e estar em choque depois de um acontecimento como este não é incomum. Nós agradeceremos se o senhor vier conosco". E ele sorriu.

Sentia-me desesperado, como um animal aprisionado. O meu coração disparou outra vez. Não posso *ir a nenhum outro lugar, eu tenho que ver o Alex!* Este ataque de desespero quase me fez conseguir o que eu queria, mas percebi que eles estavam decididos. Raciocinei e concluí que a maneira mais rápida de chegar até Alex era cooperar e acabar com isso o mais rapidamente possível. E, sim, provavelmente eu estava em um estado brando de choque — mas me parecia que todos os outros é que estavam agindo de modo irracional. Caminhando em direção à ambulância, percebi, pela primeira vez, que eu mancava gravemente de minha perna direita. Uma dor aguda me atingiu no pescoço quando me virei pela última vez para olhar o local do acidente.

Finalmente, deixei que os assistentes me deitassem na maca e me colocassem na ambulância. Nós partimos rumo a algum hospital local, com as sirenes tocando, e viajando a aproximadamente seis quilômetros por hora, ou assim me pareceu. Deitado de costas, olhando para o teto da ambulância, as minhas emoções viajaram esporadicamente para todas as direções: raiva, vergonha, esperança, negação, angústia. No final, o medo e a vergonha assumiram o centro do palco. Será que na próxima vez que eu visse Alex seria em alguma mórbida casa funerária? Como Beth poderia não me odiar, pelo que eu havia feito a Alex? O que fiz à minha família? Eu não deveria me odiar? A culpa havia sido totalmente minha. Como podia ter sido tão descuidado?

Em meio a este bombardeio mental, a minha mente passou a cinza e acabou em branco. O choque me envolveu como uma névoa impenetrável, protegendo a minha mente atormentada de uma realidade dura demais para encarar.

+++

Logo me vi sentado à beira de uma cama, no pronto-socorro de um hospital local. Uma enfermeira extraía impassivelmente sangue de meu antebraço esquerdo — um procedimento legal, e não médico. A amostra de sangue estabeleceria o meu nível de sobriedade. Será que este pai havia matado seu filho porque não conseguia ficar longe da garrafa? Pelo menos desta acusação eu era inocente.

Levando as minhas amostras de sangue, a enfermeira fechou a porta atrás de si, e ao recuperar a consciência pela primeira vez, eu estava completamente sozinho. Tudo estava em silêncio, exceto pelo som abafado de vozes no quarto ao lado. Esfregar o meu pescoço causava uma dor aguda, e repentinamente a lembrança do outro carro me veio à mente. E as pessoas do outro carro? Eu não vi o carro, não previ o que iria acontecer, e agora eu começava a me preocupar com as pessoas que estavam nele — além de tudo.

De repente, a porta se abriu.

"O que aconteceu com o outro carro? As pessoas no outro carro — como estão?", perguntei.

"Estão bem. Na verdade, estão no quarto ao lado", disse o funcionário, apontando com o polegar uma parede. Embora eu não conseguisse entender as palavras, ouvir essas vozes me lançou em uma nova crise de desespero. O meu descuido havia trazido desgraça a pessoas que eu nem mesmo conhecia. A vergonha pressionou novamente as minhas costelas como um torno gigante, forçando-me a respirar em arquejos curtos e inapropriados. Dois impulsos conflitantes dominaram os meus pensamentos: Eu não poderia me tornar invisível e simplesmente voar para fora pela janela, para longe de todo esse dia? E, no entanto, eu precisava correr para o quarto vizinho, cair de joelhos e implorar perdão, misericórdia, dizer ao outro motorista e aos passageiros quão profundamente lamentava o ocorrido e mostrar a eles que eu não era um monstro irresponsável.

No final, eu apenas olhei para a parede de onde pareciam vir as vozes. Se eu tivesse entrado ali, teria sido apenas para salvar a minha consciência. Eu era a última pessoa que eles desejariam ver agora. O que lhes importava quem havia causado o acidente e como esse motorista se sentia a respeito do ocorrido?

Nesse ínterim, outra enfermeira havia entrado em meu quarto, e estava tentando conseguir a minha atenção. "O senhor pode vir comigo? Precisamos fazer algumas radiografias".

Eu a segui, novamente, e me sentei, inquieto, em outra sala de espera. Ao ouvir um ruído, me virei para a porta e olhei nos olhos do Pastor Brown, que havia sabido do acidente, por uma enfermeira do hospital que era um membro da igreja. A sua presença trouxe paz ao meu coração em um momento de comoção que eu não podia controlar. Ele me sentou ao meu lado, passando um braço consolador ao redor do meu ombro.

"Kevin, sei que você está ansioso a respeito da sua família. Todos estão a caminho do Hospital Infantil. Eles souberam que você escapou com vida e está bem".

"Pastor, eu tenho que sair daqui e ir até o Hospital Infantil. Eu tenho que ver Alex. Eles estão me mantendo aqui por muito tempo. Quanto tempo tenho que esperar para poder sair daqui?"

O pastor, entendendo como me sentia, acenou com a cabeça. "Um amigo está no saguão", ele disse, "aguardando para levá-lo a Columbus tão logo você possa sair daqui".

"Obrigado, pastor, por cuidar de mim".

+++

As radiografias não acusaram nenhum problema sério, e fui mandado de volta para o pronto-socorro... para esperar. Pensamentos sobre Alex renovavam o meu sentimento de urgência para partir. A porta se abriu de novo. Eu olhei para cima.

"Sr. Malarkey...", disse o médico, rodeado por duas enfermeiras.

"Sim, doutor".

"O senhor precisa passar a noite aqui, para observação. A minha equipe fará de tudo para que se sinta confortável".

As enfermeiras sorriram e acenaram afirmativamente com a cabeça. Os seus sorrisos desapareceram quando me levantei e olhei diretamente nos olhos de cada pessoa, começando com o médico. Se havia uma coisa que eu não iria fazer era ficar longe de Alex, nem mais um minuto. Deixei isto claro — educadamente, espero. Eles pareceram entender que eu estava decidido, e depois de alguns protestos sem entusiasmo sobre o que era melhor, desistiram.

Eu reuni rapidamente as minhas coisas e corri para o saguão — só não fui mais depressa por mancar devido ao acidente. Quando entrei, vi Kelly antes que ele me visse. Eu não o conhecia bem, porque não vivíamos na mesma comunidade há muito tempo, mas ainda assim eu vi que ele estava cabisbaixo. Ao me ver, no entanto, ele se iluminou.

"Oh, olá, Kevin. Eu posso levar você ao hospital".

"Ótimo", disse eu. "Obrigado".

Kelly olhou para mim um pouco desconcertado. "Você quer passar em casa para pegar algumas roupas?"

Eu estava tão concentrado em conseguir chegar ao lado de Alex que havia me esquecido (ou será que ainda estava em choque?) de que estava com a roupa de hospital — daquele tipo com ar condicionado nas costas. As minhas roupas haviam sido cortadas para que pudessem sair do meu corpo, e estavam no embrulho debaixo do meu braço.

"Tome", ofereceu Kelly, estendendo o seu paletó de couro. Roupa de hospital e paletó de couro — agora eu estava vestido para a viagem para casa.

A chegada em casa trouxe assustadores calafrios ao meu peito. Eu sabia que não haveria ninguém ali. Ainda assim, a casa parecia particularmente sombria, silenciosa, vazia. Quando olhei para os brinquedos espalhados pelo chão, repentinamente percebi que não havia falado com os meus filhos, e havia falado apenas muito rapidamente com Beth. O que ela estaria sentindo? O que teriam dito às crianças? O que elas sabiam?

Sou o homem da família. Tenho de proteger minha esposa e os meus filhos. Eu não estava com eles, não os estava protegendo, e não os estava consolando. Eu era a causa de tudo. A escuridão do meu espírito desceu sobre o meu coração como uma nuvem irada. A voz do medo sussurrou: *Beth vai odiar você por ter feito isto com a sua família.* A vergonha pelo presente e o temor pelo futuro perfuraram o meu coração, como garras da escuridão. A voz zombeteira ameaçava asfixiar todas as outras. A presença de Kelly era a provisão de Deus para mim.

Como um vídeo continuamente repetido, eu via cenas do acidente — ou, pelo menos, o que eu conseguia lembrar — em minha mente, várias vezes, enquanto Kelly me levava a Columbus. Havia tantas lacunas que eu acabava confuso a cada tentativa de compreender. Durante algum tempo, Kelly se manteve respeitosamente em silêncio, mas finalmente ele falou.

"Você sabe, Kevin, partindo da minha casa, o local do acidente fica no caminho para o hospital".

"Então, você passou por ali para ir me buscar?"

"Sim", respondeu Kelly com seriedade.

"O que você acha?"

Depois de uma breve pausa, Kelly continuou, com seus olhos se umedecendo. "A coisa foi realmente feia, Kevin".

"O que você acha de Alex?", perguntei, desesperadamente procurando algo que me tranquilizasse.

"É difícil dizer. Vamos ver o que encontramos no hospital".

Kelly queria me preparar para o que poderia acontecer, mas tentou não ser específico. Isto nunca serviria para mim. Eu precisava de respostas.

"Preciso saber o que você pensa, Kelly. Você acha que Alex está bem?" De alguma maneira, era importante ouvi-lo dizer o que o seu rosto já revelava.

"Kevin, eu não acho que Alex sobreviveu. Eu acho que Alex foi para junto de Jesus. Eu sinto muitíssimo, irmão".

Olhei pela janela com os olhos instantaneamente cheios de lágrimas, engolindo a dor dessas palavras. O meu coração estava em frangalhos. *Deus, eu não aguento isso. Por favor, não me faças dizer adeus — não desta maneira. Não porque eu saí na frente de um carro. Oh, Deus, por favor, salve o meu garotinho. Por favor, salve o meu primogênito, o meu amiguinho, Alex.*

Enquanto Kelly dirigia em silêncio pelos quilômetros seguintes, ondas de dor e angústia atingiam o meu coração. Em meio a confusão, uma voz tênue e solitária, de algum lugar no fundo de mim, sugeriu que Kelly não poderia ter certeza da condição de Alex — *Não deixe de orar por Alex. Não pare!*

Nós chegamos ao Hospital Infantil. Kelly estacionou o carro, desligou o motor, fez uma pausa e olhou para mim.

"Você vai ficar bem?"

"Isto é difícil, Kelly". Eu mostrei um sorriso feio, e respirei profundamente. "Você sabe, Beth e eu dirigimos por aqui centenas de vezes. Nós sempre conversamos sobre como é triste esse lugar — como nós esperávamos nunca ter que estar aqui. E aqui estamos".

Em minutos, eu veria Beth dentro daquelas paredes. Todas as incontáveis vezes em que Beth me havia dito que dirigisse mais devagar e prestasse mais atenção à estrada inundaram a minha mente. Ela me havia advertido centenas de vezes para que fosse mais cauteloso, para que tivesse mais cuidado com as crianças, principalmente durante brincadeiras com Alex e Aaron. Sempre pensei que ela era superprotetora e passava um tempo excessivo se preocupando. Não fazia muito tempo, eu lhe havia dito: "Ei, relaxe, não os matei". Como essas palavras me assombravam agora que eu me preparava para encontrá-la...

Força sob Pressão

A minha Beth é uma mulher notável. Apenas um dia depois de dar à luz nosso quarto filho, ela precisava descansar e se recuperar, mas em vez disso, ela desligou depois do meu telefonema e entrou em ação acelerada, aprontou as crianças para a viagem de uma hora e meia até o hospital em Columbus, que ficava a 100 quilômetros de distância. Muitas pessoas desmoronam sob pressão. Beth, não. Em meio às mais tensas situações, Beth é toda compostura. Pode haver um fogo furioso de emoção em seu coração, porém, mais do que qualquer pessoa que eu conheço, ela tem a capacidade de subjugar completamente essas emoções naturais e fazer o que precisa ser feito, sem dar a menor indicação do trauma que a dominou. Que maravilhosa bênção eram essas qualidades agora.

Beth não havia se preocupado quando a linha emudeceu, no nosso primeiro telefonema: nós vivemos em uma área rural e isto acontece frequentemente. O segundo telefonema, obviamente, foi outra coisa. Deus havia preparado Beth, de certa forma, para este momento, ajudando-a a suportar várias dificuldades anteriores. Em poucas palavras, a minha esposa é capaz de crescer em meio a situações difíceis.

Beth não precisou dizer nada ao nosso filho de dois dias de idade, nem à nossa filha de dois anos, sobre o que havia acontecido: eles não entenderiam do que ela estava falando. Ela disse, sim, a Aaron, nosso filho de quatro anos, que havia acontecido um acidente de carro, e que eles precisavam ir até o hospital para ver o seu irmão. Aaron chorou, e

+++

Quando mamãe me disse que Alex estava gravemente ferido, fiquei muito assustado, e não soube o que fazer. Eu pensei que mamãe estava mentindo quando ela disse que Alex poderia estar morto, porque não pensei que isto pudesse ser verdade.

Aaron Malarkey, irmão de Alex

ela conseguiu consolá-lo nesse momento. Então, ela colocou os três filhos no carro e partiu para o hospital.

Enquanto estava dirigindo, Beth recebeu um telefonema do pronto-socorro do Hospital Infantil.

"É a senhora Malarkey, mãe de Alex Malarkey?"

"Sim, sou eu."

"Senhora Malarkey, poderia nos dizer se Alex é alérgico a algum remédio?"

Pela segunda vez, Beth fez uma pergunta essencial: "O meu filho vai sobreviver?" E pela segunda vez, a resposta que ela recebeu foi enlouquecedoramente vaga.

"A situação é grave, senhora Malarkey".

Pouco depois disso, Beth telefonou para sua irmã, Kris. Ela lhe contou o pouco que sabia da situação. Kris é uma enfermeira diplomada, e uma pessoa solidária e que dá um excelente apoio. Depois de uma curta conversa, Beth voltou a se concentrar na direção. Ela diz que nunca ultrapassou o limite de velocidade durante toda a viagem, e eu acredito nela. Na verdade, eu nunca a vi dirigir acima do limite. Beth é assim: uma rocha sob pressão.

Quando Beth entrou no estacionamento do hospital, pôde ver um homem que usava um uniforme do resgate aéreo. Rapidamente ela deu marcha à ré, abriu a janela e o chamou, "Eu tenho um filho de seis anos que acaba de chegar em um helicóptero. Você estava nesse voo?"

O homem foi até ela. "Sim, senhora, o meu nome é Dave".

"O meu filho está bem? Quão grave é a situação?"

Olhando nos olhos de Beth, Dave disse: "Eu tenho uma pergunta a lhe fazer".

"Sim?", perguntou Beth, desconcertada.

"A senhora é cristã?"

"Sim, sou", respondeu Beth, perguntando-se para onde essa conversa a levaria.

"Então me ouça", continuou Dave, olhando intensamente nos olhos de Beth. "A senhora vai entrar na sala de trauma e vai ouvir algumas coisas horríveis. Na verdade, eles vão lhe dizer que o seu filho vai morrer. Mas impus as mãos sobre o seu filho e orei por ele, no nome de Jesus. Eu lhe digo, ele não vai morrer.

"A senhora tem um papel importante a desempenhar. O Senhor já está começando a realizar a cura, mas quando a senhora entrar ali, o medo tentará atacar a sua mente. Eu não estou lhe dizendo para entrar ali e discutir. Seja educada e ouça: eles sabem o que estão dizendo. Mas por mais verdadeira que seja toda a informação, a Palavra de Deus pode mudar tudo. Orei pelo seu garotinho, no nome de Jesus, e ele não vai morrer. Mas se a senhora entrar ali, e concordar com o que eles estão dizendo, ele vai morrer. A senhora negará tudo o que foi iniciado pela minha oração por ele. Mas, se cada vez que sentir medo ou ouvir uma má notícia, a senhora agradecer ao Senhor pela sua cura, Ele fará a sua parte. A senhora entendeu?"

"Sim", disse Beth, assentindo com a cabeça fervorosamente. "Entendi".

"Está bem. Eu quero que a senhora repita para mim o que acabo de dizer".

Beth repetiu de volta as instruções dele.

"Está certo", disse Dave, com aprovação. "Deus a abençoe".

Com isto, Beth seguiu em direção à unidade de trauma...

Beth entrou na recepção com nossos três filhos mais jovens. "Com licença, o meu nome é Beth Malarkey, o meu filho, William Alexander, acaba de chegar. Posso vê-lo?"

"Não, senhora, receio que isto não seja possível agora".

"Se ele vai morrer, eu quero me despedir, enquanto ele ainda está vivo. Você tem que me deixar ver o meu filho!"

+++ Pouco antes de começar a falar com Beth, eu me senti, repentinamente, cheio de coragem. Eu disse a ela que a equipe médica iria lhe dizer que Alex iria morrer. No entanto, eu havia orado por Alex, no nome de Jesus, e estava confiante de que ele iria viver. O trabalho dela era continuar, com fé, e agradecer continuamente ao Senhor por curar Alex. Eu a adverti que se ela cedesse ao medo e começasse a dizer que ele iria morrer, isso realmente morreria. Eu passei vários minutos lembrando-a de que Deus honra a sua Palavra e de que Alex estava sendo curado enquanto nós conversávamos. Quando me afastei, toda aquela coragem me deixou, e pensei comigo, *O que foi que eu fiz? Estou com problemas agora.* No entanto, não falei nada contrário ao fato de Alex ser curado; eu apenas continuei a agradecer ao Senhor.

Dave Knopp, paramédico +++

Apesar dos apelos de Beth, a resposta continuou sendo um firme "não". A tristeza e o medo se converteram em frustração e raiva. "É inacreditável! Como eles podem não permitir que eu veja o meu filho?"

Eu cheguei cerca de noventa minutos depois. Beth ainda não tinha nenhuma informação sobre os ferimentos de Alex, e não havia ouvido nada de concreto sobre a sua condição médica. Durante as poucas horas seguintes, nós ouvimos, repetidas vezes, que a situação era grave, e que os médicos estavam trabalhando com o nosso filho. Nós não pudemos ver Alex nem obter nenhuma informação até que ele foi transferido para a UTI.

Nenhuma Condenação

Quando entrei no hospital, um grupo de quarenta pessoas já havia se reunido para orar e nos dar apoio. Alguns eram membros da família, outros eram amigos de nossas famílias, da igreja anterior e da atual; havia outros que nós nem mesmo conhecíamos. Todos estavam ansiosos por ver que eu estava bem, pelo menos fisicamente. Mas quando entrei na sala de espera da UTI, havia apenas um rosto que eu pude ver em meio à multidão.

Quando os olhos de Beth encontraram os meus, fui inundado novamente com lembranças das centenas de vezes que ela me havia dito para dirigir com mais cautela, diminuir a velocidade, prestar atenção à estrada, e não ao rádio ou ao aparelho de CD. E quanto às muitas vezes em que eu jogava no quintal, ou na sala de estar, com Alex e Aaron, rindo e ficando mais entusiasmados a cada minuto, enquanto Beth ficava no fundo e me perguntava se nós estávamos sendo cuidadosos? "Relaxe", eu dizia a ela. "Tudo está sob controle. Não seja tão superprotetora". Eu tinha certeza de que ela também estava pensando nisso.

Quando olhei para o seu rosto, sentimentos de alívio, consolação, angústia e profunda tristeza, todos se misturavam. Ondas renovadas de vergonha inundavam o meu coração torturado. Ela me abraçou carinhosa e calorosamente, mas no fundo eu achava que não merecia.

"Beth! Alex está vivo?"

"Eu creio que sim. Eu creio que ele está resistindo, mas não o vi, e eles não me disseram quase nada".

Naquele instante, a dor apertou o meu coração de maneira tão inclemente que eu desabei nos braços de Beth.

"Oh, Beth," solucei, enquanto me agarrava a ela, pedindo misericórdia. "Por favor, me perdoe, me perdoe! Eu sinto muito. Eu destruí a nossa família".

Os soluços sacudiam o meu corpo, e a tristeza me invadia em uma maré que parecia nunca baixar. Por um momento, eu ousei olhar nos olhos de Beth, preparando-me para receber a condenação que esperava encontrar. Mas não. Quando olhei nos seus olhos escuros, encontrei apenas misericórdia. Beth me deu um abraço apertado, cobrindo-me de bondade, compreensão e amor. Sem raiva, sem amargura, somente amor.

"Kevin, isso poderia ter acontecido a qualquer pessoa. Foi um acidente. É claro que você se culpa, e isso faz parte da natureza humana. Mas quando as coisas se acalmarem, você perceberá que não é verdade. Querido, não se condene. Deus não fará isso, e ninguém o fará".

Não tinha certeza se ela tinha razão a respeito disso, mas tive certeza de que ela estava sendo sincera. Se Beth estivesse alimentando alguma amargura ou acusação contra mim, eu teria detectado em sua voz e em sua linguagem corporal. A sua aceitação era a corda de salvamento de que eu precisava desesperadamente naquele momento.

"Tire tudo isso da sua mente", ela disse, "tudo o que eu quero saber é se você está bem. Você tem certeza de que não está ferido?"

"Estou bem. Na verdade, fiquei muito melhor depois de ver você. Obrigado".

Caminhos separados haviam trazido Alex, Beth e a mim juntos ao hospital. Mas tudo o que sabíamos é que Alex estava vivo, por pouco, e podia escapulir a qualquer momento...

De Alex

Eu Observo, do Teto

Porque no dia da adversidade me esconderá no seu pavilhão;
no oculto do seu tabernáculo me esconderá;
pôr-me-á sobre uma rocha.

SALMOS 27.5

Quando chegamos ao hospital, eu estava observando tudo o que acontecia do canto do pronto-socorro, perto do teto. Jesus estava ali, ao meu lado.

Eu não tinha medo. Eu me sentia seguro.

Os médicos estavam muito ocupados, trabalhando no meu corpo, que, a esta altura, estava meio azulado. Os médicos falaram muito sobre mim, e não tinham nada de muito bom a dizer. Todos pensavam que eu não sobreviveria. Um dos médicos disse: "Ele pode voltar". No entanto, a maioria deles estava triste e todos falaram sobre a possibilidade de que eu não sobrevivesse.

Enquanto todos falavam que eu morreria, Jesus me disse que eu sobreviveria ao acidente. Ele também me disse que respiraria sozinho, depois de algum tempo.

Então olhei para baixo, e vi quando eles prenderam um pino de aço à minha cabeça, e disseram que iria doer. (Mais tarde, eu ouvi que esse procedimento era para medir a pressão no meu cérebro.) A seguir, eles começaram a enfiar alguma coisa na minha garganta, e Jesus me levou para o Céu.

Jesus não queria que eu visse o que eles faziam, porque Ele não queria que eu me lembrasse disso depois, e sentisse medo.

Vi cento e cinquenta anjos puros, brancos, com asas fantásticas, todos chamando o meu nome. Se você não soubesse que eles eram amistosos, eles seriam realmente assustadores. Depois de algum tempo, todos eles disseram: "Alex, volte". Eu voltei, mas Jesus foi comigo, e esteve comigo o tempo todo no pronto-socorro.

CAPÍTULO 3

72 HORAS

Os médicos haviam falado... e agora nós esperávamos em Deus.

Por fim, um médico levou Beth e eu a uma pequena sala de reuniões. O médico quis falar conosco em particular. Parecia que se passaram horas antes que ele chegasse. Depois que trocamos algumas cortesias, ele mostrou uma radiografia da área afetada na base do crânio de Alex. Não era preciso nenhum conhecimento médico para entender a verdade terrível que a imagem escura revelava. Algo em mim não podia aceitar que esta era uma imagem da espinha de Alex. Instintivamente, olhei para o canto inferior esquerdo da folha: *WILLIAM ALEXANDER MALARKEY.* Essas três palavras eram extremamente definitivas, extremamente claras, extremamente inequívocas. Quaisquer pensamentos de que a situação podia não ser tão grave desapareceram.

O médico atravessou a sala, até um quadro. Ele desenhou uma coluna normal, e ao lado dela, fez um desenho da coluna de Alex. Era fácil ver o que havia de errado. A primeira vértebra abaixo do seu crânio havia sido separada da segunda, e formara um ângulo de quarenta e cinco graus.

Voltando-se para nós, o médico começou a dizer: "Eu devo ser franco com vocês. A situação de Alex é extremamente séria. Os ferimentos que envolvem esse alinhamento da coluna quase sempre resultam em morte. Na verdade, Alex está sendo mantido vivo por meios artificiais. Ele tem, em seu favor, uma constituição jovem, mas se sobreviver, a natureza desses ferimentos levará a algumas consequências, e é melhor ser realista a respeito delas. Considerando a gravidade e o ponto do ferimento — isto é, a sua proximidade da base do tronco do cérebro e o trauma sofrido pelo córtex cerebral — se Alex sobreviver, não poderá se esperar um funcionamento normal do cérebro. Ele nunca respirará sozinho, e abaixo do pescoço, ele não se movimentará sozinho. Esse ferimento impedirá que Alex possa engolir alimento. Agora, ele está recebendo fluidos por meio intravenosos, mas, se sobreviver, teremos que instalar um tubo gástrico, ou tubo G, para que ele possa receber nutrição diretamente no estômago. E, por fim, se ele sobreviver, nunca conseguirá falar. Eu entendo que essas são coisas difíceis de ouvir. Eu realmente sinto muito".

Tubo G, sem função cerebral normal, paralítico — os meus olhos encontraram o chão, fixos, em assombrosa incredulidade. Tudo era tão terrível que teria que ser peneirado, parte por parte, mas o médico havia acabado de falar. Nós teríamos que lidar com isso. A informação era tão terrível e a sua escala tão esmagadora que a minha mente estava entorpecida, aceitando a situação. Mais tarde eu pensaria de maneira mais coerente sobre os detalhes.

A experiência de Beth, que havia sido informada por Dave no estacionamento, era completamente diferente. Ela não estava aceitando nada disso. Eu ainda estava olhando para o chão, quando ela falou. Olhando diretamente para os olhos do médico, ela pronunciou confiantemente essas três simples palavras: "Você está errado".

+++ Tentar aceitar o escopo dos ferimentos de Alex era algo esmagador. É como olhar para o Grand Canyon de cima de uma planície; a nossa mente é incapaz de captar a enormidade daquilo que você vê.

Somente muito depois é que nos foi explicado, clinicamente falando, por que era tão improvável que Alex sobrevivesse. Ele havia sofrido uma decapitação interna — o seu crânio fora desconectado da sua coluna. Pele, músculo e ligamentos eram as únicas coisas que prendiam a sua cabeça ao seu corpo.

> Meses depois, nós recebemos de um médico uma radiografia, tirada mais de uma hora depois do acidente de carro. A radiografia era da parte inferior do crânio de Alex, e da parte superior da sua coluna. A radiografia revela claramente as vértebras de Alex separadas de sua cabeça.
>
> Não apenas esta situação nunca foi mencionada, nem à minha esposa, nem a mim, mas também nunca foi feito um procedimento médico para religar o seu crânio à sua coluna.
>
> *Kevin Malarkey* +++

Eu respirei forte, completamente envergonhado. Este médico era o chefe de uma equipe de excelentes cirurgiões, que haviam revisto o caso de Alex. Nós estávamos sob os cuidados de uma das melhores unidades de trauma infantil do país. Quem era ela, para questioná-los? Coloquei a mão sobre o braço de minha esposa, tentando fazer com que ela parasse de falar. Ela precisava se sentar e aceitar a realidade, como eu estava fazendo. Beth se libertou do meu toque. Ela não tinha nenhuma intenção de recuar.

"Alex vai ficar bem. Ele recuperará completamente e perfeitamente a sua saúde, e a sua história terá um impacto nacional, trazendo esperança a milhares de pessoas".

Está certo, eu disse a mim mesmo, *ela está completamente louca.* Olhei para o médico, certo do que ele estava pensando, embora eu tenha que reconhecer — ele ouvia o que Beth estava dizendo com sincero interesse, concordando com a cabeça com solidariedade. Não havia nem um pensamento em minha mente sobre Alex ajudar os outros, eu só queria que o meu menino ficasse bem. Eu queria que a minha própria culpa se dissipasse. Eu queria que o meu filho recuperasse a consciência por um período suficiente para que eu pedisse o seu perdão — uma conversa que eu já havia tido em minha mente mil vezes desde o acidente, poucas horas antes.

Mas Beth estava apenas começando.

"Sei que você não acredita em mim, mas ele *vai* melhorar, e eu quero dizer, vai ficar completamente saudável".

Eu me recostei na cadeira, incapaz de interromper a cena. O bom médico continuava a concordar com a cabeça, respeitosamente. Eu estava certo de que podia ler a sua mente: *Outra pobre mulher, dominada por uma explosão irracional, provocada por notícias chocantes que ela não quer que sejam verdade... eu já vi isso milhares de vezes. É uma oportunidade para que eu seja piedoso.*

Mas eu também sabia que o médico estava errado, pelo menos, a respeito de Beth. Ela nunca se torna uma refugiada da realidade, em uma crise. Ela é calma e clínica, mesmo sob a mais intensa pressão. As suas palavras para o médico eram uma declaração confiante, e não um desejo sem discernimento. Era como se ela soubesse de algo de que os demais não haviam sido informados. Eu não conseguia ver o futuro milagroso, qualquer que fosse, que ela tinha em mente. Tudo o que eu conseguia ver era a radiografia e o horrendo prognóstico que a acompanhava.

"Espere, e verá. Será um fenômeno médico. A história de Alex comoverá pessoas por toda a nação. Ela dará esperança às pessoas que perderam toda a esperança".

O que estava nela, não estava em mim. O médico terminou de ouvir e educadamente, pediu licença, e se retirou.

+++

O que estava acontecendo agora parecia altamente irreal. Lembranças emergiam de lugares profundos. Eu havia escrito um poema para Alex, meses antes que ele nascesse, e partes desse poema pareciam estranhamente relevantes agora:

FILHO PRECIOSO

Há muita coisa que eu quero
Dizer-lhe
Ensinar-lhe
Vivenciar com você
Por enquanto, deixe-me compartilhar algumas de minhas tristezas
Você estará exposto a um mundo
Muito diferente do útero...
Filho abençoado
O que eu mais quero lhe ensinar
É de onde você veio
E para onde você poderá retornar...

Beth e eu confiávamos em Deus, e críamos, antes que Alex nascesse, que Deus tinha uma vida especial planejada para ele. Agora, no silêncio do hospital, eu tinha que encarar o fim desses planos, pelo menos, na terra.

+++

Quando nós voltamos à sala de espera, mais gente havia chegado. Alguns conversavam, e outros oravam. Nós transmitimos a notícia que havíamos recebido dos médicos, e todos os que estavam na sala deram as mãos e começaram a orar. Muitas orações audíveis foram levadas ao trono de Deus neste momento.

Na verdade, durante aqueles primeiros dias sombrios, nós nos dirigimos a Deus repetidas vezes. Não me lembro das minhas próprias orações nem da maioria das orações dos outros, mas houve uma oração que penetrou na minha escuridão no dia seguinte ao do acidente.

O nosso ministro, o Pastor Brown, havia esperado que todos os demais orassem, e então, depois de alguns momentos de silêncio, ele ergueu a sua voz: "Oh, Senhor, sabemos que Alex está contigo, agora mesmo. Os médicos disseram. E agora, Senhor, esperamos a tua palavra sobre o assunto".

Simples e poderosa. Sim, o que Deus tinha a dizer sobre o assunto de Alex? A oração do Pastor Brown foi uma grande consolação. Naturalmente, nada aconteceria sem a supervisão de Deus. Eu precisava me agarrar a essa verdade. E consegui — durante um curto período.

+++

Enquanto Beth e eu esperávamos para ver Alex, naquele primeiro dia, em minha mente eu estava de volta ao dia do nascimento dele. Outro hospital, um dia de alegria. Eu estava ao lado de Beth, mas protegendo os meus olhos da cesariana — eu não queria desmaiar. E então, o momento indescritível, quando ele entrou em nosso mundo... A enfermeira cortou o cordão umbilical, olhou para mim e perguntou: "Você gostaria de segurar William Alexander?"

"É esse o nome dele?"

Beth olhou para mim. "Oh, Kevin, é o nome que escolhemos, caso viesse um menino — você se lembra?" Ela sorriu.

"Oh, é mesmo", concordei. "William Alexander, o nome do meu pai."

+++

O meu pai, Dr. William Malarkey, um endocrinologista, e diretor do Clinical Research Center da Ohio State University, estava viajando, dando palestras em algum lugar da Europa. Alguém o havia informado do acidente? Quando me sentei na sala de espera, rodeado por amigos e familiares em oração, um novo conjunto de perguntas me assaltou, como adagas.

Se Alex morrer, será que vou para a prisão, por homicídio doloso?

Será que feri as pessoas do outro carro?

Será que vamos perder a nossa casa?

Será que Beth está pensando, "Eu sabia que isso iria acontecer com Kevin, porque ele sempre se arrisca. Se ele tivesse me ouvido, nada disso teria acontecido"?

Todas as pessoas que estão aqui, e que estavam no local do acidente, será que estão apenas sendo bondosas e gentis, mas na realidade pensam que pessoa decadente eu sou — que pai patético Alex tem?

Naquele primeiro dia, o medo, a dúvida e a repugnância por mim mesmo entravam e saíam da minha mente — o que é razoável, sob essas circunstâncias, mas também é inútil e destrutivo. Eu sabia que esses pensamentos não vinham de Deus. Eles vinham diretamente do meu adversário, o Diabo. Mas saber a verdade sobre essas coisas não era o suficiente. Estava quase subjugado por elas. Tinha que lutar contra elas. Tinha que rejeitar a falsa voz e me agarrar à verdade. Comecei me agarrando à única esperança que tinha: *Deus me ama. Deus ama Alex. Deus ama Beth, e os nossos outros filhos.* A paz de Deus estava ali, à minha disposição, mas eu tinha que recebê-la, rejeitando o acusador, e ouvindo a voz da verdade. *Eu* ouvirei *a Voz da Verdade.*

+++ Eu estava proferindo uma palestra, em um congresso de medicina, na Europa quando o acidente aconteceu. Na verdade, eu estava fotografando um menino que era tetraplégico, com um respirador, em uma cadeira de rodas, em um parque de Paris. Ao mesmo tempo, a milhares de quilômetros de distância, em Ohio, e sem que eu soubesse, o meu neto estava em um helicóptero de resgate e enfrentava um destino similar. Todas as vezes que eu vejo um retrato da Torre Eiffel me lembro de que havia acabado de olhar para a sua silhueta iluminada quando recebi o telefonema sobre o acidente.

Dr. William Malarkey, pai de Kevin +++

+++

Outra lembrança me veio à mente... uma lembrança feliz. Alex tinha apenas alguns dias de vida, e para lhe dar um início apropriado, eu o levantei para que visse o estádio de Ohio.

"Veja, amigão", disse, segurando o rosto dele, "é ali onde os Buckeyes jogam futebol americano!"

Sim, eu havia planejado este rito de iniciação com grande antecedência. Quando demos entrada na ala de partos do hospital, pouco antes do nascimento de Alex, eu havia conseguido garantir o quarto do hospital que me permitisse a melhor vista do estádio. Agora, sentado na sala de espera do hospital, eu me perguntava, *Por que estou pensando nisto agora?*

+++

Por fim, um funcionário do hospital chegou para nos levar ao quarto de Alex. Nós estávamos prestes a entrar em um quarto de hospital muito diferente do quarto de minhas lembranças. Eu nunca estivera em uma unidade de terapia intensiva. Ao andar pelo corredor, pensava em como era estranho que nenhum daqueles quartos tivesse porta. Somente cortinas de aparência feia e penduradas de modo impreciso nos separavam das várias famílias e do trauma que as abalava. Apesar de toda a sua simplicidade, essas cortinas tinham tremendo poder para proteger as pessoas que passavam da dor de cada quarto. O olhar vazio de angústia impotente inundava o corredor com as cortinas abertas. As crianças que eu via pareciam extremamente doentes, extremamente aflitas. Alex estaria muito diferente, eu assegurava a mim mesmo, muito melhor.

Quando entramos em outro corredor e paramos no quarto de Alex, eu respirei fundo. A imagem era avassaladora. Era como se nós tivéssemos entrado na sala de comando de alguma guerra diabólica. Alex estava deitado flácido, com os olhos fechados, sobre uma cama no centro do quarto. Estava completamente rodeado por uma confusão de monitores, cabos, tubos e uma interminável parafernália médica. Um respirador bombeava ostensivamente ar aos seus pulmões.

No entanto, com a exceção dos óbvios pontos de trauma e os tubos que entravam e saíam do seu corpo, ele parecia bastante normal, pelo menos à primeira vista. Eram poucos os sinais espalhafatosos do acidente, apenas alguns pequenos arranhões e um profundo corte que fora fechado por pontos.

Um momento mais tarde, no entanto, os dedos gélidos do medo novamente envolveram o meu coração — Alex parecia... sem vida. Como você descreve o que significa ser um pai e ficar impotente diante do corpo destruído do seu filho? Mas naquele momento, alguma coisa lá no fundo acreditou que Alex sobreviveria — em quais condições, eu não ousava pensar. Mas a partir daquele momento, uma certeza de que ele viveria se enraizou, e nunca mais foi desalojada.

Por favor, meu Deus, ajude o nosso filho.

+++

Eu lembrava de ter orado com Alex quando ele recebera Jesus como seu Salvador, alguns anos antes. Ele era muito jovem e, apesar disso, muito sincero. Que impressionante privilégio! Alex desejava ir para o céu um dia, e ele compreendeu que não poderia ir simplesmente "sendo um bom menino". O Céu não poderia ser conquistado como outras coisas. Alex sabia que precisava de outra pessoa que pagasse o preço pelo seu pecado — as coisas erradas que ele faria em sua vida — para que ele pudesse aceitar o presente de ir para o Céu e estar com Deus.

Tenho que admitir, eu realmente me admirei com a sinceridade da sua fé. O que uma criança consegue entender sobre as profundezas da fé, nessa idade? Certamente as crianças apenas repetem descuidadamente as palavras e ideias que os adultos lhes dão, sem realmente entender a verdade.

Algumas semanas depois que Alex orou convidando Jesus à sua vida, eu submeti a sua fé ao teste.

"Alex, Jesus vive em seu coração?"

"Não, papai".

Eu me senti desapontado. Aí está, pensei. A sua oração havia sido sem significado... mas então Alex continuou, "Jesus morreu pelos meus pecados, mas Ele não vive no meu coração — Ele não caberia. É o Espírito Santo que está em meu coração agora".

Assim, Alex realmente entendia — Jesus havia morrido pelos seus pecados, e havia deixado o Espírito Santo como seu Conselheiro e Consolador. aprendi a minha lição naquele momento: uma criança pequena é capaz de entender as coisas que Deus quer que ela saiba.

+++

De repente, a minha consciência foi trazida de volta ao presente. Ali estava o meu filho precioso, deitado na minha frente. Eu tinha certeza de que o Espírito Santo estaria com Alex para sempre, mas será que Deus permitiria que *eu* estivesse com Alex novamente neste mundo?

O que mais havia para fazer, senão clamar a Deus por misericórdia? Nós não sabíamos disso naquela ocasião, mas até mesmo os melhores médicos admitem rapidamente que não entendem bem estas situações. Eu nada podia fazer, senão implorar a ajuda de Deus.

Oh, Deus, por favor, perdoa-me pelo que eu fiz. Por favor, permita-me pedir o perdão de Alex. Por favor, protege-o. Por favor, consola-o. Por favor, seja o seu Pai celestial, porque o seu pai terreno é completamente impotente. Eu te dou o meu filho. Eu abro mão dele. Ele é teu. Por favor, ajuda-o, desde o topo de sua cabeça até a sola dos seus pés. Eu confio em ti, Deus. Em nome de Jesus, Amém.

De alguma maneira, na misericórdia de Deus, o meu espírito foi banhado em uma nova sensação de calma, no fim daquela oração. Será que teria ocorrido algum tipo de transferência espiritual? A minha teologia já havia definido a questão de Deus estar no total controle da situação. Deus já havia envolvido Alex com os seus braços, mas será que alguma coisa teria mudado no céu, por causa da minha oração de entrega completa de Alex a Deus... deixando que partisse o que eu não conseguiria segurar? De alguma maneira, parecia ser assim.

Beth e eu ficamos junto à cama e olhamos em silêncio para o nosso filho. Por quanto tempo, não sei. No silêncio, passei o meu braço ao redor dela, provavelmente mais para minha consolação do que a dela. O coma havia levado Alex a algum lugar onde não podíamos alcançá-lo. Fiquei olhando, admirado com o quanto o meu coração doía pelo meu filho machucado. *Pequeno companheiro, você está sozinho? Você está com medo? Você quer que eu o abrace? Quão desesperadamente eu quero abraçar você.*

+++

Lembrei-me do quanto Alex amava a igreja. Nós fazíamos parte de uma igreja em que se usavam roupas casuais. A maior parte das pessoas se vestia de maneira confortável, e as crianças usavam roupas do dia a dia. Mas não Alex. Ele havia decidido que usaria um terno para ir à igreja. Mesmo se o papai usasse jeans e uma camisa, mesmo com um pastor que quase nunca usava um terno, Alex queria usar um terno. Ele nunca havia sido do tipo que acompanhava os costumes dos outros. Ele nunca usou um terno em nenhum outro lugar. Ele queria vestir-se bem para Deus.

E então lembrei outro lado de Alex — aquele que passava o máximo de tempo possível fora de casa. Lembrei-me de um dia em que ele parecia profundamente satisfeito ao andar descalço no quintal, esmagando folhas de outono com os dedos. "Papai" — perguntou ele — "você não adora o som das folhas debaixo dos seus pés?"

+++

Em algum momento, durante a nossa primeira noite no hospital, nós fomos levados a um quarto destinado aos pais cujos filhos estavam na UTI. Os nossos outros três filhos tiveram de ficar com alguns de nossos amigos, e logo nós nos encontramos sozinhos na cama, contemplando o teto em silêncio. O que havia acontecido às nossas vidas? O que iria acontecer amanhã? Será que Alex sobreviveria à noite? Onde ele realmente estava? O acidente havia traumatizado o seu corpo. O coma o havia levado para longe. Quando ele voltaria? *Será* que ele voltaria?

Oh, Deus precisamos de Ti agora...

Exaustos, nós adormecemos.

+++

Durante a primeira semana, Beth e eu nunca saímos do hospital; nós não estávamos interessados em estar em nenhum outro lugar. Ao mesmo tempo, a ajuda crescia. O primeiro grupo a se reunir para nos ajudar era constituído de amigos, familiares e da nossa família da igreja, liderada pelo pastor Brown. Mas logo o número exponencialmente crescente de homens e mulheres em volta de Alex e da nossa família só poderia ser descrito como um exército.

Os nossos filhos ficavam conosco praticamente todo o tempo, mas naquelas ocasiões em que não estavam, eram calorosamente amados e cuidados por amigos ou familiares. Por exemplo, algumas mulheres se revezaram embalando, alimentando e trocando as fraldas de nosso recém-nascido sempre que Beth não podia estar com ele. Alguém organizou a entrega de todas as nossas refeições. Alguma outra pessoa organizou um esquema de trazer roupas limpas e lavar as sujas, bem como trazer qualquer item pessoal de que precisássemos. Alguém se encarregava dos nossos recados e tarefas. Tanta comida começou a dar a impressão de que havia um bufê na sala de espera da UTI. A comida ficava ali durante dias, as pessoas removiam e substituíam os pratos quando necessário. Cartões de melhoras, bilhetes, orações e versículos das Escrituras chegaram, até que cada centímetro do quarto de Alex estivesse coberta deles. Os médicos e as enfermeiras ficaram espantados, e frequentemente comentavam que nunca viram tal demonstração de amor.

Uma corrente constante de homens piedosos — presbíteros, diáconos, pastores e líderes leigos — além de muitas mulheres devotas, vinham de todas as partes do Estado. Eram comuns as histórias das pessoas que "sentiam que Deus cutucava os seus corações, para que viessem". Um pastor dirigiu duas horas apenas para visitar Alex. Como ele chegou depois do horário de visitas e não constava da tabela de horários pré-organizada, o hospital não permitiu que entrasse no quarto do nosso filho. Sem se intimidar, ele voltou para casa, somente para retornar na manhã seguinte, quando passou a maior parte do dia orando por Alex. Durante aqueles primeiros dias críticos, muitos grupos de jovens também vieram, entoando cânticos de louvor e adoração no quarto de Alex. Nunca houve menos de cinco pessoas no quarto de Alex durante o horário de visita.

Depois de algum tempo, havia tantos visitantes que alguém organizou uma tabela de visitação para acomodar a todos. E, ainda mais importante, alguém organizou uma vigília noturna de oração no quarto de Alex. A cada duas horas, alguém estava orando, durante a noite toda — todas as noites, durante meses. Muitos desses santos nós nunca conhecemos. Eles estavam ali servindo a Deus na obscuridade, para a sua glória.

O ministério para Alex e a nossa família envolveu tanta atividade que o hospital teve que se organizar, também, para poder lidar com todo o trânsito de pessoas. A equipe do hospital imprimiu pilhas de passes com o nome "Alex" e o número do quarto. Eles nos disseram que ele tinha mais visitantes do que todos os pacientes da UTI combinados, uma situação que os santos logo se esforçaram para remediar.

O ministério de oração e visitas que se iniciou com Alex logo se espalhou pelas outras famílias da UTI. Nisso, Deus reservou uma bênção especial para Beth e para mim. Nós estávamos completamente absorvidos com Alex e os seus cuidados — sim, é compreensível, mas quando nos uníamos aos que vinham ministrar para o nosso filho e íamos de quarto em quarto na UTI para consolar os outros e para orar com eles, Deus fez algo em nossos corações. Estes encontros diretos com outras famílias que vivenciavam profundas provações eram um lembrete veemente, em meio à nossa própria angústia, de que existiam muitas outras pessoas sofrendo tanto quanto nós. Isso nos ajudou a ganhar perspectiva, nos ajudou a nos voltar para o exterior e ver, sob uma perspectiva, as bênçãos que Deus estava nos concedendo, de maneira tão abundante.

Se você estivesse procurando boa comida e boa comunhão cristã durante meados daquele mês de novembro, não haveria melhor lugar do que o Hospital Infantil e o ministério que se desenvolveu ao redor de Alex. Nós nunca poderíamos sequer começar a agradecer apropriadamente aos milhares de pessoas que nos abençoaram com a sua doação abnegada. Se alguma vez houve uma ocasião em que a igreja envolveu almas necessitadas em braços de amor, nós vivemos essa ocasião.

Oh, e mais uma coisa. Aquela pilha de contas não pagas, que transbordava da minha cesta de contas, em casa, e sobre a qual eu tinha me preocupado tanto antes do acidente? Desapareceu. Eu nunca tive a chance de colar aquela placa de *Deus Proverá* ao lado dela. Um homem maravilhoso, por quem eu sempre tive a mais alta consideração, foi secretamente e silenciosamente à nossa casa vazia naquela primeira semana em que estávamos no hospital. Ele pegou a cesta e pagou cada conta, até o último centavo — uma soma imensa. Mas nós sempre descobrimos essas coisas. *Obrigado, Deus, pelos teus belos santos.*

De Dois em Dois

No terceiro dia depois do acidente, houve uma situação inesperada. Uma enfermeira se aproximou de mim, e perguntou: "Sr. Malarkey, posso conversar com o senhor, em particular?"

"Claro que sim".

Nós caminhamos pelo corredor, e ela começou a falar, hesitou, e começou outra vez. "Sr. Malarkey... sei que o senhor irá entender — tenho certeza de que concordará — a partir de agora, precisaremos limitar os visitantes de Alex a não mais que duas pessoas por vez no quarto".

"Certamente, eu entendo, mas espero que isso não seja uma consequência de nossos amigos terem abusado de nossos privilégios de visitas. Se for gostaria de pedir desculpas por..."

"Oh, não, senhor! Não é isso, absolutamente, eu... eu juro", ela respondeu, apressadamente. "Não que os números não tenham sido impressionante, mas todos respeitaram as regras do hospital".

"Oh, é bom saber disso, mas, então, porque a regra mudou?"

"Bem" — ela hesitou, procurando as palavras e olhando para os lados — "não é uma mudança, é apenas, bem, uma diretriz que devemos seguir".

Eu assenti, mas a minha mente tentava entender. Naquele exato momento, havia vinte pessoas na lista de espera no salão, prontas para entrar, cinco por vez, para orar por Alex — exatamente como durante as setenta e duas horas anteriores. Raramente aceito as coisas sem analisá-las, e isso não fazia nenhum sentido para mim. Por que esta política era tão importante, hoje, se não foi ontem nem anteontem? Estava claro que havia algo que ela não queria me dizer. Então a luz se acendeu.

"Os médicos acabaram de perceber que Alex vai sobreviver, não foi?"

A enfermeira concordou, um pouco envergonhada, e então se inclinou, assumindo um tom confidencial. "Eu trabalho nesta unidade há doze anos. Eu *nunca* vi uma criança sobreviver ao tipo de ferimento que o seu filho sofreu — *nunca*!"

Setenta e duas horas foi o período de tempo que a equipe médica havia destacado. Eles vinham observando o relógio. Os funcionários da unidade não esperavam que Alex chegasse até este dia com o coração batendo.

O meu coração saltava de alegria quando corri até o salão, reuni todos os que estavam ali e informei a nova regra, explicando a razão. Houve gritos de alegria, e todos louvaram a Deus. A lista de visitantes foi reorganizada, em grupos de duas pessoas. Enquanto estivessem ali, podiam orar, quando sentissem necessidade — e então tinham que dar o lugar a outra pessoa. Para ajudar a acomodar o constante fluxo de pessoas, nós concordamos que não haveria nenhuma conversa no quarto, exceto com Deus. Alex teria duas pessoas orando ao lado de sua cama, em todos os momentos.

+++

Quando me sentei ao lado de Alex naquela semana, outra lembrança me veio à mente. Apenas alguns meses antes, ele saltou, quando estávamos em uma pista de motocross. Ele e eu estávamos no topo da mais alta colina da pista, quando virei a minha cabeça para ver onde estava Aaron. Naquele instante, Alex disparou descendo a gigantesca colina. Embora as minhas emoções saltassem, enquanto o observava ganhando enorme velocidade, ele conseguiu aterrissar! Ele também havia aprendido a dar um salto acrobático no trampolim de um amigo. Algumas semanas depois, ele estava no lugar perfeito para executar o salto acrobático — ao lado de uma piscina. Ele quase nos matou de medo, mas, novamente, conseguiu aterrissar. Antes do acidente, Alex podia ser socialmente tímido, e às vezes agarrado a mamãe e papai, mas em termos de atividades físicas, ele era completamente destemido.

+++

Quando Alex se mexer de novo, nós vamos apostar uma corrida de bicicleta.

Gracie Malarkey, irmã de Alex

Agora, sentado ao lado da cama onde estava o meu menino, eu não conseguia deixar de imaginar: O que iria acontecer com ele agora? Será que ele teria uma oportunidade de agir de modo tão destemido outra vez?

De Alex

Do Lado de Dentro dos Portões

Antes que eu te formasse no ventre, eu te conheci;
e, antes que saísses da madre,
te santifiquei e às nações te dei por profeta.

JEREMIAS 1.5

O Céu não é o mundo seguinte, é agora.

O Céu não está lá no alto, mas em todas as partes, e em nenhuma parte.

O Céu é um lugar que não é um lugar. Ele é eterno. Todos os outros lugares têm um fim.

O Céu é um tempo sem passado, presente ou futuro... é sempre agora.

Quando estava no carro, tentei mover minhas pernas. Percebi que elas não se moviam. Passei por uma luz e ouvi música.

Então eu estava na presença de Deus. Ele tinha um corpo que era como um corpo humano, mas muito maior. Eu podia ver somente até o pescoço dEle porque, como diz a Bíblia, ninguém pode ver o rosto de Deus, ou morrerá. Ele tinha um manto branco que era muito brilhante. Olhei para baixo, para as minhas pernas, e eu podia movê-las outra vez.

Ainda agora, quando conto isso, sinto, em meu coração, o mesmo que senti quando aconteceu.

Tudo era perfeito.

Papai me contou de um homem que escreveu sobre passar tempo no Céu. Ele sofreu um grave acidente de carro, como eu, e foi para o Céu, e ouviu uma música incrível e viu cores gloriosas, como eu. Mas este homem viu pessoas que havia encontrado na vida, que lhe haviam falado de Jesus. Quando estive no Céu, logo depois do acidente, eu não vi ninguém, somente Deus, Jesus e anjos.

Mas quando ouvi a história, disse ao meu papai que este homem não havia estado no Céu.

O meu papai ficou surpreso. Papai disse que este homem era um pastor, e que ele cria em suas palavras. Eu disse a papai que a história do homem era verdadeira, mas acontece que, teoricamente (uma de minhas palavras preferidas), o homem ficou do lado de fora dos portões do Céu. A seguir, o meu papai me disse que isto é o que o homem diz no livro!

Perguntei: "Ele não viu, nem Deus nem nenhum anjo, não é?" Papai disse que isto é o que o homem diz no livro. Eu também disse a papai que ele não ficou no Céu por muito tempo. Papai disse que era verdade, ele esteve no Céu apenas durante uma hora e meia. Papai me perguntou como eu sabia disto. É porque ele não conseguiu ver grande parte das coisas boas, lhe disse. Todos os seres celestiais estão do lado de dentro dos portões. Deus deve ter desejado que ele voltasse para a terra imediatamente.

Quando eu fui para o Céu, cheguei do lado de dentro dos portões. Eu estava com os seres celestiais, mas as outras pessoas que vieram ao Céu estavam todas do lado de fora.

Os portões são muito altos, e brancos. São muito brilhantes, e parecem ter escamas, como um peixe.

Penso sobre as coisas do lado de fora dos portões como um Céu exterior. Eu estava no Céu interior, e tudo é mais brilhante e mais intenso no interior dos portões.

Há um buraco no Céu exterior. Esse buraco leva ao inferno.

Mais tarde, meu papai me pediu que lhe contasse sobre outras diferenças entre o lado de dentro e o lado de fora dos portões, mas tive que lhe dizer que não tinha permissão de contar algumas coisas. Deus me disse que não contasse. Não sei o motivo, foi tudo o que Ele disse. Perguntei ao meu pai se ele estava zangado por causa disso, mas ele apenas me abraçou e disse que obedecer a Deus é mais importante do que qualquer outra coisa.

Mas posso dizer que o lado de dentro dos portões é o lugar que Deus preparou para nós. Ele é mais brilhante e mais colorido. É impossível descrever... é glorioso!

O lado de fora dos portões é como uma sala de espera. As coisas não acontecem no lado de fora como acontecem no lado de dentro. Elas acontecem, mas não é a mesma coisa. Eu não consigo descrever.

Aquele outro homem que passou algum tempo no Céu está certo: a música é belíssima. Ele disse que era como muitas músicas ao mesmo tempo — mas parecendo uma única música. Não penso que fossem muitas músicas ao mesmo tempo, mas era muito intenso. Belo. Eu realmente gostei das harpas do lado de dentro dos portões. A música não é nada parecida com a música daqui. Ela é perfeita!

Perfeito é a minha palavra favorita para descrever o Céu.

CAPÍTULO 4

UM EXÉRCITO CONVOCADO

A verdade é que a história de Alex havia ficado maior que a nossa família, maior que a nossa igreja, maior até mesmo que a nossa comunidade. As pessoas sentiam que isto era um assunto do Céu.

Três dias depois do acidente, acordei e fui para o chuveiro. Eu havia dormido irregularmente na noite anterior. Foi bom deixar a água quente correr pelo meu rosto, enquanto eu pensava: Será que Alex está passando por alguma coisa como um sono? O que estaria acontecendo com ele? Onde ele estava? Será que ele havia encontrado o seu caminho durante os três primeiros dias... ou continuaria dormindo para sempre?

No que diz respeito à medicina, havia muitas perguntas sem respostas, muitas incertezas. Beth e eu teríamos dado qualquer coisa apenas para fazer algo prático para melhorar as chances de Alex. No entanto, o máximo que podíamos fazer era orar, e tínhamos que nos lembrar de que esta era uma contribuição importante.

Mas eu sentia que havia algo mais que podíamos fazer: nós podíamos transmitir a notícia para todos os que cressem no poder da oração e que pudessem concordar em interceder por Alex diante de Deus.

As pessoas apareciam no hospital e enchiam os corredores desde o início do horário de visitas — nós nunca teríamos imaginado que tínhamos tantos e tão verdadeiros amigos e entes queridos e que faríamos tantos amigos novos. Mas nós queríamos espalhar a notícia muito além, para Columbus, para Ohio, e para as mais distantes partes da terra, se possível, de modo que os guerreiros da oração em todas as partes pudessem assumir a causa de Alex. Nós havíamos ouvido histórias de milagres que aconteceram quando o povo de Deus foi diligente em apresentar os seus pedidos diante do Senhor. No entanto, nós simplesmente não estávamos preparados para a profundidade dos encontros que logo teríamos em oração, quando nos vimos rodeados por um grupo de santos que chamamos de *Exército de Alex.*

Cristãos "Simpáticos" ou Guerreiros de Oração?

Com que frequência ouvimos pessoas sendo descritas como "simpáticas"?

Mas será que a nossa fé tem a ver com isso? Não é possível parecer ser uma pessoa agradável, com um rosto sorridente, dizendo todas as palavras corretas para dar a impressão de que a pessoa está próxima de Deus? Não é revelador que Jesus, o apóstolo Paulo e todos os grandes santos da Bíblia *nunca* tenham sido descritos como simpáticos?

Deus tomou cuidado com o lugar onde Ele nos colocou — não entre pessoas normais e "simpáticas", mas entre verdadeiros homens e mulheres de Deus, soldados da Cruz, que estavam prontos para se mobilizar. Eram pessoas que entendiam a batalha espiritual de uma forma que a maioria das pessoas não reconhece.

+++

Eu tenho uma fé forte, mas sou um homem fraco. Por favor, ore para que Deus continuamente me renove e para que eu não caia vítima das terríveis armas do maligno.

PrayforAlex.com, postagem de Kevin Malarkey em 10 de dezembro, 2004

O que é mais assombroso é o fato de que eram também pessoas *práticas.* Algumas serviam a Deus com seus corações, outras com as suas mãos, mas as pessoas ao nosso redor se superavam tanto na fé *como também* em palavras.

Enquanto Alex estava ali, em coma, e nós ficávamos observando, chocados e amortecidos — com os nossos outros filhos precisando de nós — Deus usou o ministério de pessoas centradas na oração para nos sustentar e para continuarmos a luta pela recuperação de Alex.

As nossas vidas estavam rapidamente se envolvendo com as dos guerreiros de oração, de maneiras como nunca esqueceremos. Um deles tinha um nome extremamente incomum.

Hillbilly Graham

Nem *Hillbilly* nem *Graham* constavam da sua certidão de nascimento. Ele tinha a distinção de um apelido duplo. O primeiro se deve ao seu divertido sotaque interiorano, e o segundo, por causa da sua notável paixão por apresentar o Senhor às pessoas — uma versão genuinamente "hillbilly" (caipira) de Billy Graham. O que fazia com que os apelidos deste homem fossem ainda mais divertidos era o fato de que, na verdade, ele era um dentista bem-sucedido que residia em um dos bairros ricos de Columbus.

Conhecendo a sabedoria espiritual de Hillbilly, fiquei feliz por vê-lo entrar no quarto de Alex, durante o primeiro dia que passamos no hospital. Hillbilly nos visitou durante alguns minutos e rapidamente se tornou uma presença consoladora, descrevendo períodos de doenças e dificuldades em sua própria família e explicando como a oração havia feito a diferença — e como a oração poderia fazer o mesmo pelo nosso Alex.

Uma pergunta vinha se formando em minha mente, e me ocorreu que talvez Hillbilly pudesse ser a pessoa ideal para respondê-la. Mas era o tipo de pergunta que eu desejava propor de maneira muito cuidadosa.

"Hillbilly, posso lhe perguntar uma coisa?" — eu disse, de maneira indecisa. "Estou um pouco relutante em lhe perguntar algo, porque não quero que você me interprete mal".

"Não se preocupe com isso!" — disse Hillbilly, com sua fala caracteristicamente arrastada. "O que está preocupando você, Kevin?"

"Bem, você entende, desde que Alex era muito jovem, eu sempre tive a forte impressão de que, um dia, ele pudesse ser um pastor. Você sabe, eu o venho observado atentamente e sei que ele era espiritualmente sensível e especial, de muitas maneiras. E eu estava começando a crer que um dia ele teria a vocação para o ministério".

Os meus olhos se moveram para a imagem de meu menino que havia engendrado ideias tão sublimes, e que agora pareciam refutadas por todas as máquinas, tubos e intravenosas que corriam caoticamente em todas as direções. "Bem, desde o acidente, comecei a pensar se poderia ser o Diabo por trás de tudo isto — quero dizer, causando o acidente. Porque, se eu fosse o Diabo e visse este menino que tinha grande potencial para servir a Deus, eu desejaria eliminá-lo, não é mesmo?"

Hillbilly começou a assentir com a cabeça e a sorrir, como se soubesse exatamente o que eu estava dizendo.

"Não me interprete mal" — acrescentei rapidamente. "Não estou fugindo da responsabilidade pelo que fiz. Era *eu* que estava atrás do volante, e não o Diabo. Nunca fui o tipo de pessoa que diz 'o Diabo me induziu fazer isso' sempre que eu derramava um copo de leite, e *não* estou tentando transferir a responsabilidade a algum ser invisível".

Hillbilly jogou a sua cabeça para trás e começou a rir. A sua grande mão caiu sobre o meu ombro.

"Bendito seja o seu coração, amigo. Eu entendo você perfeitamente. O que você quer saber é — o Diabo quis matar o seu filho? E eu respondo: "Você *acha*?"

Então ele agitou a mão pela sala, onde havia pessoas orando, e continuou: "Sim, *senhor*, eu acredito que o Diabo tentou matar o seu filho — mas quer saber de uma coisa? Como sempre, tudo o que ele conseguiu foi mexer em um ninho de marimbondos".

Eu parei, olhei e ouvi o sussurro de vozes que oravam e enchiam a sala, como música suave. Hillbilly estava completamente correto. A única coisa que o inimigo havia conseguido era mobilizar os santos para que se dirigissem a Deus. Eles haviam se organizado de maneira extremamente rápida para transmitir o amor de Cristo, atendendo as nossas necessidades e servindo como principais testemunhas a todos os que vinham às portas do Hospital Infantil. Repentinamente, me senti encorajado por um poder incrível.

"Maior é o [Espírito] que está em vós do que o [espírito] que está no mundo", escreveu o apóstolo João (1 Jo 4.4). Desde que vi o helicóptero levar meu filho, me senti fraco e impotente. Agora eu percebia, de uma maneira muito prática, que há outras maneiras de ver as coisas. Você pode escolher considerar a vida como uma máquina impessoal que não vem com manual do usuário, ou pode encará-la como uma batalha espiritual em andamento, em que um exército de oração pode fazer a verdadeira diferença.

O nosso exército já estava na linha de frente, e eu estava começando a obter coragem com a presença desses soldados.

Enquanto continuávamos a conversar sobre essas coisas, alguém sugeriu que nós deixássemos o quarto de Alex e fôssemos para um quarto vazio, do outro lado do corredor. Eu imaginei que estaríamos fazendo isso por consideração às pessoas que tentavam orar. Mas tão logo chegamos ao outro quarto, Hillbilly me empurrou para uma cadeira. A seguir, ele reuniu todos presentes em um círculo à minha volta. Isso era para mim! Era a última coisa que eu esperava, e me senti um pouco desconcertado. Mas tudo o que eu podia fazer era seguir a corrente. Todos os presentes impuseram as mãos sobre mim, enquanto Hillbilly se ajoelhou à minha frente. Ele me pediu que estendesse completamente as minhas pernas, e então segurou os meus pés no ar, e começou a orar.

"Senhor Deus" — disse ele — "nós precisamos da tua sabedoria agora mesmo, para que possamos entender como orar e o que pedir. Usa-nos como vasos para o teu poder de cura". Os demais sussurraram a sua confirmação em oração. "Nós estamos aqui por Alex, amado Senhor" — continuou ele — "mas agora, nós apresentamos o seu pai, Kevin, a Ti. Ele também é uma vítima deste acidente. Cura-o, de todas as maneiras, em mente e corpo. Tu és o Grande Médico; coloca a tua mão de cura sobre ele. Nós te pedimos em nome de Jesus".

Hillbilly Graham terminou de orar, colocou os meus pés de volta no chão, e disse, "Você está bem".

"Como?", perguntei.

"Você não vai ter nenhum problema físico resultante daquele acidente", disse ele. "Deus está fortalecendo você para que possa ser forte para a sua família".

A Arte de Orar

Tive algumas consequências do acidente. Eu ainda mancava um pouco e sentia aquela dor aguda em meu pescoço, quando virava a cabeça. É comum ter problemas físicos, que podem durar anos, como resultado do tipo de contorção que um corpo sofre em um acidente como o nosso. O desconforto e a dor no meu pescoço não desapareceram imediatamente, mas uma coisa maravilhosa e espantosa realmente aconteceu: depois da oração de Hillbilly — e até hoje — nunca precisei de nenhum remédio nem auxílio médico de qualquer tipo devido àqueles ferimentos, e não tenho nenhum problema residual ou recorrente.

Olhei à minha volta, para aqueles fiéis amigos que estavam gentilmente segurando meus braços e ombros, pedindo que Deus realizasse uma intervenção em prol da minha saúde. No dia anterior, eu havia pensado, *O que será que estas pessoas realmente pensam sobre mim?* Aqui estava o que elas pensavam: elas me amavam e queriam o melhor de Deus para mim.

Senti-me envergonhado por ter duvidado delas. Quantas vezes fui injusto com os outros, pressupondo o pior sobre eles? Eu ainda tinha a minha própria culpa para combater, mas foi um alívio muito grande saber que havia irmãos e irmãs em Cristo que me apoiavam, que não me julgavam, e que oravam por mim quando era tão difícil orar por mim mesmo. O amor que eles me mostraram me encheu de uma nova energia para orar por Alex.

No entanto, Hillbilly Graham não havia terminado. Ele tinha uma pergunta para todos. "Há alguém aqui que tenha algum pecado inconfesso em seu coração? Não podemos nos dirigir a Deus de maneira eficaz enquanto escondemos o pecado em nossas vidas. Ele não nos ouvirá. A única coisa que conseguimos quando oramos sem examinar a nós mesmos é obstruir a oração. Nós precisamos preparar os nossos corações; por isso, se há alguém aqui que precisa ajustar as contas com Deus, é um bom momento. Vamos apresentar esses pecados diante de Deus e receber o perdão que Ele oferece. Vamos ser tão puros quanto pudermos antes de assumir a imensa tarefa de orar por este garoto. Todos parem por um momento e reflitam, em silêncio. 1 João 1.9 diz: 'Se confessarmos os nossos pecados, ele é fiel e justo para nos perdoar os pecados e nos purificar de toda injustiça'. Vamos nos confessar diante de Deus e então vamos nos reunir para orar por Alex".

Houve várias sessões incríveis de oração durante este período, mas esta e a do Pastor Brown na sala de espera, na noite anterior, realmente se destacam. Havia uma sensação palpável da presença de Deus entre nós.

Em oração, nós reiteramos que os médicos disseram e que queríamos que Deus falasse. Nós oramos pelo cérebro e pelo crânio de Alex, nós oramos pela sua respiração, pela cura de sua coluna, e, finalmente, para que a porta da morte fosse fechada. Nós sabíamos que o Céu o esperava, um dia, mas nós críamos que Deus tinha mais coisas para ele fazer neste mundo. Como sempre, Hillbilly liderava as orações.

Houve um culto no meio da semana, na igreja, uma semana ou duas mais tarde, e a congregação novamente orou por Alex, enquanto nós continuávamos a nossa vigília no hospital. Hillbilly sentiu alguma coisa tocar a sua alma durante aquela oração, e começou a chorar incontrolavelmente. Quando fiquei sabendo disso, telefonei para ele.

"O que está acontecendo, Hillbilly?", perguntei. "Por que você chorou?" Ele respondeu, "Eu tive uma sensação incrível, Kevin, há coisas acontecendo no Céu que dizem respeito a Alex. O Espírito de Deus está se movendo. Pude sentir isso, quando nós oramos juntos, e eu me senti dominado pela emoção".

Ciência e Soberania

O testemunho da ciência dizia que Alex estava inconsciente e que ele nem mesmo conseguia respirar sozinho — ele estava praticamente incapaz de se movimentar. Até onde se sabia, Alex estava paralisado, em coma. Os médicos achavam que havia poucas esperanças de que ele sobrevivesse. E mesmo que o corpo de Alex continuasse resistindo, havia a questão das suas funções mentais. Ele havia sofrido ferimentos traumáticos no cérebro, e nos foi dito que aquele doce menino de seis anos de idade que havíamos conhecido nunca mais falaria conosco outra vez.

Mas o testemunho de Alex é de que ele estava tão desperto e atento como Beth, as outras crianças, ou eu. Como você já leu, ele tem uma lembrança detalhada de como o acidente aconteceu. Ele se lembra dos homens tirando-o do carro e dizendo que ele era um menino corajoso. Ele se lembra de ter me visto entrar na ambulância, depois que o helicóptero havia decolado, mas ele não se lembra do voo, de que ele participou.

Como podemos explicar essas coisas? Certamente, Alex sabe o que viu, ouviu e sentiu; ele nunca vacilou sobre nenhum desses detalhes. Ele oferece as suas lembranças, e cabe a nós chegarmos às nossas próprias conclusões. Ao ouvir esse relato, me pareceu que Deus permitiu que o meu filho visse todos os eventos na cena do acidente. Então, Alex foi chamado para as amplidões do Céu, para os notáveis eventos que iriam acontecer ali.

A ciência nos apresentou fatos inclementes e devastadores: uma separação quase total entre o cérebro e a coluna, uma pélvis quebrada, e um grave trauma cerebral. Além disso, o dano à sua coluna era no nível das vértebras cervicais C1 e C2 — tão alto que a coluna e o cérebro constituíam um único e grande ferimento. Isto é, por si, suficiente para causar a morte. Além disto, ainda havia a possibilidade de outros danos. Nos primeiros dias depois do acidente, os médicos de Alex estavam particularmente preocupa-

+++

As vértebras estavam completamente separadas. Os tendões ao redor da coluna haviam sido abalados perto da base do cérebro. O ferimento era tão grave, e em um ponto tão alto na coluna, que era simplesmente inacreditável que Alex sobrevivesse.

Dr. Raymond Onders, médico de Christopher Reeve e de Alex.

dos com a possibilidade de um inchaço no cérebro, e com ele, o aumento da pressão no crânio. Os cirurgiões conectaram um monitor ao cérebro de Alex para acompanhar a sua pressão intracraniana. Os médicos me explicaram o procedimento, e também Alex me contou, mais tarde, como isso lhe pareceu, do seu ponto de vista, e descreveu a dor que lhe causou.

Há os fatos científicos, e há a soberania de Deus. Rodeado por guerreiros de oração, eu me lembrei da verdade de que Deus não é controlado pelo que conhecemos ou sabemos. Eu estava decidido a derramar o meu coração, esperando que as predições da comunidade médica estivessem erradas. Logo eu estaria acompanhado de mais pessoas do que poderia ter imaginado.

UTI, uma Casa de Oração

Eu nunca estive em um ambiente tão cheio de oração como na época do coma de Alex. Com tantas pessoas boas intercedendo por nosso filho, e por outras crianças na UTI, e pessoas necessitadas pela nossa página da internet, a UTI do hospital se tornou solo sagrado.

O grupo de apoio a Alex começou a ser uma presença importante no hospital. Como a primeira alvorada que rompe o horizonte e banha tudo com luz, as pessoas que vinham para orar estavam em todas as partes.

A nossa seção do hospital começou a se parecer cada vez mais com uma igreja. Algumas pessoas transferiram os seus pequenos grupos de estudos da Bíblia de suas salas de estar para a UTI. Outras vinham para visitar e orar todos os dias, durante várias semanas. Era estranho que a tragédia de meu filho criasse uma comunhão, unidade e ministério tão cheios de alegria. Mas Deus realmente opera de maneiras misteriosas.

Às vezes, Deus revelava os seus planos por intermédio de alguém que viera orar por Alex. Certa vez, quando meu amigo Jay ficou comigo ao lado da cama de Alex, ele me dirigiu um olhar nervoso, e disse: "Eu tenho uma coisa para contar a você".

"Pode contar". Eu sorri. "O que é?"

"Na noite passada, eu estava em casa, pensando em Alex e comecei a orar por ele, e de repente, Deus colocou alguma coisa em meu coração. Kevin, eu percebi, com absoluta certeza, que o seu filho será completamente curado".

Eu olhei para ele, sem saber o que dizer. Jay não era o tipo de pessoa conhecida por proclamações sobrenaturais dramáticas — eu nunca o havia ouvido dizer nada desse tipo.

Coloquei minha mão sobre o seu ombro, e acenei com a cabeça, em um esforço para mostrar que aceitava o que ele estava dizendo. Mas ele não havia terminado. Com a emoção crescendo em sua voz, ele continuou. "Quando eu era mais jovem, certa noite recebi um telefonema do hospital. O médico me disse que o meu pai estava doente, mas ele me assegurou de que não era nada que ameaçasse a sua vida. Eu não sei por que, mas no meu intimo, não acreditei nele. De alguma maneira, soube que o meu pai iria morrer. Não me pergunte como ou por que — eu soube. Posso levar você àquela casa e mostrar exatamente onde eu estava quando aconteceu. Pouco depois que desliguei o telefone, o meu pai morreu. senti tristeza, mas não fiquei nem um pouco surpreso. Eu *sabia* que isso iria acontecer. Você entende?"

"Uau", eu disse, ainda sem saber o que dizer.

"Desde então", continuou ele, "nada desse tipo havia acontecido comigo outra vez. Isto é, até a noite passada, quando subitamente eu soube que Alex vai ficar completamente curado".

Pensei muito sobre o que Jay havia dito. Era similar ao que Dave, que havia estado no helicóptero com Alex, disse a Beth. E havia a própria Beth, que expôs um tipo de profecia e prognóstico a respeito de Alex, incluindo que a sua história iria abençoar pessoas por toda a nação. Houve várias declarações ou histórias de pessoas que foram extraordinárias durante este curto período. Todas elas tinham em comum uma mensagem consistente de esperança e cura para Alex.

Eu queria crer. Eu queria que tudo fosse verdade, mas estava muito longe disso.

Alguns dias depois, Jay veio ao hospital, e me puxou para um lado. Eu estava ansioso por ouvir o que ele poderia dizer desta vez.

Mas Jay pareceu menos à vontade do que na última vez — quase em sofrimento.

"Eu não quero lhe dizer isto", disse ele.

"Mas eu espero que você diga", respondi.

Depois de um angustioso silêncio, Jay respirou fundo e finalmente começou.

"Kevin", disse ele, "sei que você sempre acreditou que Alex estava destinado a ser um pastor. Eu estou aqui para lhe dizer que será algo maior. Ele será mais como Billy Graham".

Novamente, achei estranho que este amigo em particular dissesse coisas tão assombrosas. Tenho certeza de que ele viu que os meus olhos estavam arregalados. Como muitas pessoas, eu considero Billy Graham o maior cristão dos EUA. Há os cristãos, e há o *Billy Graham.*

"Mas o impacto de Alex será diferente", continuou o meu amigo. "O ministério de Billy Graham foi ensinar as pessoas como ter um relacionamento pessoal com Deus por intermédio de Jesus Cristo. Alex vai sair do seu coma, e o seu ministério será mostrar às pessoas *como é Deus.* Mas como Billy Graham, o seu filho terá um grande impacto por todo o mundo".

Olhei para ele, com várias palavras mal formadas passando pelos meus lábios, mas não consegui produzir nenhum som. *Mostrar às pessoas do mundo como é Deus? É isso o que Alex vai fazer?* Não me oponho à ideia, mas a incoerência disso tudo fez com que eu não conseguisse expressar os meus pensamentos com palavras.

O meu amigo veio em meu socorro. "Eu lhe disse que não queria lhe contar. Sinto-me pouco à vontade com a sua reação. Parece loucura, Kevin, eu sei, e você provavelmente está pensando que estou biruta, Mas eu *sei*, sei em meu coração que é verdade, da mesma maneira como sei que o sol está brilhando hoje — da mesma maneira como eu sabia que devia ser fiel e transmitir a você esta mensagem, embora não quisesse fazê-lo".

Esses dias conturbados continuaram com repetidas confirmações do futuro ministério de Alex. Mas ele estava ali, ainda em coma, ainda respirando somente porque uma máquina bombeava ar em seus pulmões, com a sua vida por um fio, dia após dia. Somente depois de meses nós veríamos toda a fundação que Deus já havia lançado para o cumprimento de seus propósitos.

A oração continuava. O Exército de Alex continuava a lutar, e novos recrutas se uniam à frente de batalha todos os dias.

Alex Online

Desde o princípio, nós quisemos transmitir informações, para que as pessoas pudessem orar por Alex. Mas como nós poderíamos manter as pessoas atualizadas, para que elas soubessem especificamente como orar? Naturalmente, o caminho era a internet. O hospital forneceu um link na sua própria página Web para CaringBridge, uma organização não governamental que fornece páginas gratuitas para conectar familiares e amigos durante graves situações de saúde. Mas para Alex, nós queríamos um lugar na Web que fosse mais pessoal e que tivesse o propósito de glorificar e honrar a Deus.

John Sullivan, um amigo da família, sabia exatamente o que fazer. John é um programador de páginas da internet, e ele se dedicou a construir uma página chamada PrayforAlex.com. Ele registrou o domínio, conseguiu nossas fotografias e montou uma página pela Web que permitia que as pessoas se atualizassem a respeito da história contínua de Alex, deixassem mensagens, e encorajassem seus amigos a orar pelo nosso filho.

Quando a página entrou no ar, nós tínhamos uma seção chamada Atualizações de Alex, onde usualmente inseríamos novas informações. John nos mostrou como milhares de pessoas começavam os seus dias conectando-se à nossa página, obtendo as novidades e orando em conformidade com as informações obtidas. A seção para pedidos de oração era, no princípio, apenas sobre as necessidades de Alex, mas logo se tornou um centro de informações sobre as necessidades de outras pessoas também. As pessoas publicavam os seus pedidos, e o "Exército de Alex" assumia as suas causas também. A página também tinha a possibilidade de respostas e retornos de informações, que permitia que as pessoas se comunicassem com a nossa família. Lembrei-me do ano anterior ao acidente, quando Alex e eu havíamos iniciado o "Diário de oração de Papai e Alex". Nós escrevíamos pedidos de orações, pelos outros e por nós mesmos, e desenhávamos um círculo ao redor do pedido quando sentíamos que Deus havia atendido uma oração. Agora nós tínhamos o que correspondia a uma versão online daquele diário — por Alex.

PrayforAlex.com não poderia ter tido um sucesso maior. A página foi acessada mais de um milhão de vezes, apenas durante os seus primeiros seis meses. Muitas das mensagens da nossa família eram lidas por mil visitantes ou mais. Nós adicionamos uma seção para um Grupo Global de Oração, que demonstrou, depois de apenas alguns dias, que o nosso filho tinha incontáveis parceiros de oração por todos os Estados Unidos e, depois de pouco tempo, de todo o mundo, incluindo a Austrália, Hong Kong, Alemanha, África do Sul, Inglaterra, Iraque, Costa Rica, Canadá, Afeganistão e Honduras. A iniciativa de oração do Exército de Alex havia verdadeiramente se tornado um movimento internacional. Muitos desses correspondentes contaram que todos os membros de suas igrejas estavam orando por Alex.

Nós começamos a ouvir histórias de pessoas que acordavam no mesmo horário todas as noites, durante semanas ou meses, sentindo uma forte determinação do Espírito Santo para orar por Alex. Não era incomum ouvir sobre vinte indivíduos ou mais, espalhados por todo o globo, todos orando por Alex, ao mesmo tempo. Ouvir esses relatos enchia os nossos corações com a fresca brisa do encorajamento, revelando que Deus estava fazendo algo magnífico. Saber que Deus estava tocando os corações de pessoas em todas as partes aumentava as nossas esperanças.

A página havia começado simplesmente como uma ferramenta útil. Ela se tornou um fórum mundial para a obra de Deus, servindo a nós e também a pessoas que provavelmente nunca conheceríamos. E nos lembramos outra vez de que a obra de Deus não é limitada, isolada ou realizada em algum tipo de vácuo espiritual. Tudo o que Ele faz é interconectado, de modo que quando Ele abençoa uma pessoa há um efeito propagador de bênçãos em grande escala. As coisas tristes ou trágicas também se tornaram matéria prima para a demonstração do seu poder.

Na verdade, todas as coisas realmente trabalham juntas para o nosso bem, quando conhecemos a Deus.

+++ A pergunta que me fazem, muitas vezes, é, "Onde está Deus, e como Ele está no meio do sofrimento?" Se você alguma vez duvidar que Deus está ali, lembre-se disto: Ele conheceu a dor que nos atacará. Ele deu as suas mãos, o seu corpo, o seu amor e a sua compaixão da maneira que Ele sabia que poderia nos servir e nos sustentar.

Havia uma orquestração de pessoas, 24 horas por dia, 7 dias por semana, que ficavam ao lado de Alex, e oravam por ele. As pessoas vinham falar conosco, e diziam: "Você não me conhece, mas eu acordei às três horas da manhã, e tive que orar pelo seu filho". O objetivo principal do Inimigo é agir à noite, quando nossas mentes e nossos corpos físicos estão tentando descansar. Mas o Espírito nunca dorme.

Beth Malarkey, mãe de Alex +++

Nós ousamos encarar a realidade de que algo tão devastador como o acidente automobilístico e os terríveis ferimentos de Alex pudesse se tornar uma bênção impressionante e maravilhosa nas mãos do Senhor. Isso não queria dizer que estávamos felizes com o que acontecerá ao nosso garotinho ou que desejávamos que acontecesse a qualquer outra pessoa. Mas nós sabíamos que, como Corrie ten Boom costumava dizer, "Não há cova tão profunda que o amor de Deus não ultrapasse em profundidade". Eu estava aprendendo a confiar profundamente em Deus do que jamais havia confiado... a aceitar o amargo e o doce do seu plano... a abrir-me às orações e ao conhecimento de companheiros de fé... a aceitar que alguma coisa bela estava acontecendo, além do meu poder de controle ou compreensão.

E quanto a Alex? Será que ele realmente estava tão sem reação como parecia? Será que Ele tinha consciência da presença de Deus? O que ele estava aprendendo... sentindo...?

De Alex

Céu e Terra

Sabemos que toda a criação geme e está juntamente com dores de parto até agora.
ROMANOS 8.22

Deus criou a terra para que fosse um lugar perfeito para nós, e nós a estragamos.

O Céu é o lugar perfeito para os seus filhos, e continua sendo.

O Céu é o que este mundo deveria ser.

Muitas coisas no Céu são similares a coisas aqui na terra. Há árvores e campos gramados, lagos e rios e muitas outras coisas parecidas à terra que conhecemos.

Mas a diferença é que no Céu cada mínimo detalhe é perfeito.

Talvez você veja um pôr-do-sol e pense que é a coisa mais bela que poderia haver. Ou você talvez veja o cume nevado de uma montanha. E você pensa — é perfeito!

Mas eu acho que é impossível descrever o que eu realmente quero lhe dizer — estas coisas que você está vendo não são perfeitas! Elas são deturpadas, em comparação com o Céu.

O pecado deturpou a terra, e até mesmo as cores aqui são menos brilhantes que no Céu.

De modo que há lagos e outras coisas naturais no Céu, mas não são como os nossos lagos. Também há coisas no Céu que não temos aqui na terra.

Eu penso que o meu papai se sente frustrado às vezes, porque uso palavras como *perfeito, glorioso,* ou *mais que superior* e outras. Mas tenho que fazer isso. O Céu simplesmente não é como a terra.

CAPÍTULO 5

MILAGRES, CONFUSÕES E MAIS MILAGRES

O meu filho não podia funcionar no mundo físico,
mas eu tinha dificuldade em funcionar no mundo espiritual.
Quem tinha a maior deficiência?

A sensação da presença de Deus estava se tornando mais palpável do que nunca. Milagres estavam acontecendo com Alex — embora nós ainda não soubéssemos disso. O que nós conhecíamos era o milagre da comunhão cristã, e por intermédio dela, a sensação de que Deus estava em ação, de maneiras que eram, ao mesmo tempo, misteriosas e reais.

Mas eu não quero que você pense que Beth e eu somos pessoas milagrosas. Nos primeiros meses depois do acidente, à medida que éramos apresentados à presença de Deus, também estávamos ficando desgastados, tensos, frustrados, desesperados e, infelizmente, também desagradáveis, um com o outro. Eu não quero escrever sobre estes fatos, justificando-os como normais para pessoas submetidas ao tipo de tensão sob a qual nos encontrávamos, mas quero ser honesto. Frequentemente nós estávamos longe de nos comportar da maneira como Deus deseja para o seu povo — esta é a verdade, não importando como eu gostaria que tivesse sido.

Graças a Deus, aqui está outra verdade: Deus continuou a ser fiel conosco, mesmo em meio às nossas confusões.

+++ Eu li livros sobre a batalha espiritual, e, obviamente, li sobre isso nas Escrituras. Sabia quando era necessário guerrear, mas a família Malarkey me apresentou um filme de como é uma batalha espiritual. Eles eram uma família que mais de uma vez esteve à beira do precipício, mas pela graça de Deus nunca ultrapassaram esse limite. Eu realmente acredito que o inferno trouxe o que tinha de melhor contra a família Malarkey, e Deus simplesmente continuou trazendo-os de volta. Kevin e Beth sabem o que é resistir e ser fiel.

Pastor Gary Brown,

pastor dos Malarkeys na época do acidente. +++

Uma coisa é ler as Escrituras, e afirmar a sua verdade. Mas até que você esteja nas trincheiras da tentação, até que você se depare com circunstâncias da vida que põem à prova a sua fé, até que você seja pressionado até o limite absoluto da sua capacidade física e emocional, até que você enfrente a tensão implacável de um trauma constante, você nunca saberá realmente como reagirá ao que pode ter aceitado tão facilmente durante um estudo confortável da Bíblia.

O nosso Casamento sob Ataque

O meu relacionamento com Beth havia chegado à beira do limite. Nas Escrituras, nós lemos que temos que manter os nossos olhos em Jesus, mesmo em meio a uma terrível tempestade. Quando Beth e eu não conseguimos fazer isso, quando nos entregamos à carne, a intensidade de nossas vidas tornava até mesmo os menores problemas maiores que uma montanha. Eu perdia a paciência e me irritava em uma simples conversa sobre os cuidados com as crianças, por exemplo, ou sobre o que iríamos comer no jantar. Parece tolice, eu sei, mas às vezes, estávamos tão imersos em nossa própria dor, medo e exaustão física, que dávamos vazão à nossa parte mais infame. Beth e eu temos que ser honestos e admitir que o nosso relacionamento sofreu enormemente, não apenas durante as primeiras semanas de Alex no hospital, mas também durante anos depois do acidente.

Eu conhecia todos os versículos da Bíblia escritos especialmente para mim, como "Vós, maridos, amai vossa mulher, como também

Cristo amou a igreja". E Beth conhecia todos os versículos da Bíblia escritos especialmente para ela, como "Vós, mulheres, sujeitai-vos a vosso marido, como ao Senhor". Nós sabíamos o que a Bíblia dizia. Tentando viver de acordo com essas palavras, em meio à nossa tempestade, com os nervos expostos, nós caímos em pecado — não um pecado que envolvesse outras pessoas, nós simplesmente não estávamos andando em amor. Nós ficamos distantes e irritadiços, um com o outro.

Nós nos perturbávamos com o pouco tempo que conseguíamos dedicar aos nossos outros três filhos — eles também precisavam de nós. Como poderíamos criar um ambiente "normal" em casa para eles? Parecia muito irônico, ter nos esforçado tanto para ter um lar agradável e familiar, em uma boa propriedade, mas era muito raro estar ali como uma família.

Nós estávamos passando uma quantidade incomum de tempo no hospital, e dedicando toda a nossa energia a Alex. Os nossos filhos do meio tinham quatro e dois anos, estágios que requerem atenção especial. Além disto, claro, havia Ryan, que se havia unido a nós apenas dois dias antes do acidente. Bebês recém-nascidos não são exatamente algo que requeira pouca atenção. As primeiras semanas são críticas, na formação das habilidades cognitivas, na personalidade da criança, e no desenvolvimento normal de laços com os pais, em particular a mãe. Nós não queríamos que Ryan fosse negligenciado de nenhuma maneira.

+++ Eu devo ser honesto, e dizer que Kevin e Beth lutavam intensamente em seu casamento. Muitas vezes, eu fui até a sua casa, para falar com eles, aconselhá-los e orar com eles. Foram dias difíceis. Certa vez, fiquei tão perturbado, em meu espírito, sentindo o peso da opressão espiritual sobre aquele casamento, que chamei um dos irmãos de nossa comunidade e fui com ele à casa dos Malarkey, para orar. Eu nem bati à porta. Nós apenas oramos, andando em volta da casa várias vezes, orando durante todo o tempo. É um milagre completo, uma prova absoluta de que existe um Deus no Céu, o fato de que o seu casamento tenha sobrevivido e que eles estejam juntos hoje. Sem Deus, não teria sido possível que o seu casamento sobrevivesse.

Pastor Gary Brown,

pastor dos Malarkeys na época do acidente. +++

Parecia um peso excessivo para nós. É desnecessário dizer que Beth e eu tínhamos longas conversas com o Criador: *Senhor, tu sabes que isso é muito mais do que conseguimos aguentar. Nós precisamos de ti, como nunca precisamos antes. Nós temos orado sem cessar por Alex, como inúmeras outras pessoas também têm orado. Mas devemos apresentar diante de ti muitos outros pedidos. Nós temos três outros filhos que esperam a nossa atenção. Temos contas que não conseguimos pagar. Temos o nosso casamento, e nós dois precisamos de força pessoal e energia diária para seguir em frente. Só podemos pedir a tua sabedoria, Senhor, e reivindicar a tua promessa, de que nunca nos abandonarás.*

A nossa Casa sob Ataque

O nosso estilo de vida de luta-livre na paternidade continuou durante as frias semanas do inverno. Um de nós "entrava no ringue" com as três crianças, em casa, enquanto o outro ficava em vigília no hospital. Depois, nós trocávamos de lugar.

Certa noite, eu estava em casa com as crianças. Pouco a pouco, começou a cair uma chuva de granizo sobre toda a área de Bellefontaine, mas nós estávamos aquecidos do lado de dentro. *Pois que caia o gelo,* pensei. Então, com um lampejo, as luzes se apagaram, e a casa ficou totalmente escura. Nós havíamos perdido toda a eletricidade. Preparei rapidamente uma maleta, antes que a tempestade piorasse. Eu tinha que encontrar um lugar em que as crianças e eu pudéssemos passar a noite, algo que, além do problema de dirigir em uma tempestade que piorava progressivamente, não foi muito difícil. Depois de acomodados temporariamente na casa da irmã de Beth, e depois de colocar as crianças para dormir, percebi que não estávamos muito desgastados.

Na manhã seguinte, voltei para casa, para ver como estavam as coisas. Será que a eletricidade havia voltado? A casa não era visível da chuva, e tão logo eu tomara a entrada pouco mais de um metro de extensão, tive que parar o carro. Uma árvore havia caído e estava atravessada na entrada, impedindo-me de seguir adiante com o carro. *Não há problema,* pensei, *eu posso andar.*

Pulei a árvore caída, e cuidadosamente segui pela entrada escorregadia, olhando de um lado a outro a destruição que a tempestade de gelo trouxe. Havia árvores caídas por todas as partes, envoltas em espessas camadas de gelo. Com uma atravessando a estrada, quantas haveria caídas no resto da propriedade? Eu telefonei para o meu pai, para lhe contar o que estava havendo. "Ei, pai, você não vai acreditar. Há árvores caídas por toda a minha propriedade. É inacreditável. Bem, pelo menos não caiu nenhuma sobre a nossa..." Nada como o momento certo. Quando eu acabava de dizer isso, fiz a curva, para ver que uma gigantesca árvore caíra diretamente sobre o centro do nosso telhado.

"Oh, pai, eu ligo de novo".

Fiquei olhando incrédulo, absorvendo a cena. Se a árvore caída sobre a nossa casa tivesse sido a única coisa com que tivéssemos que lidar, poderia ter parecido algo mais importante em minha mente. Considerando Alex entre a vida e a morte no hospital, a árvore não parecia um problema tão grande. É verdade, eu tinha emoções contraditórias, mas quando o seu filho mal se agarra à vida, todo o resto perde a perspectiva.

Telefonei para o Pastor Brown. Eu sabia que ele viria, depois de informar os outros. E ele trouxe uma serra e capacetes! Nós colocamos os capacetes e entramos na casa. Ainda não havia eletricidade, e embora já fosse o meio da tarde, tudo estava escuro no interior. Sem saber que tipo de danos estruturais poderia haver, nós nos movimentávamos com cuidado.

Poderia ter sido melhor. Poderia ter sido pior. O telhado teria que ser substituído, mas ele impediu que a árvore chegasse até o chão da casa. E, naturalmente, havia grandes danos aos nossos bens. Muitos reparos seriam necessários — logo o que necessitávamos. Eu pensei na nossa família em apuros, e suspirei: desgraça nunca vem sozinha.

Minha esposa, nossos três filhos menores e eu dormimos no porão da casa da irmã de Beth durante uma semana. Nós estávamos muito gratos por Kris ter podido nos acolher. A esta altura, nós já estávamos acostumados a dormir em todos os tipos de lugares. Para o pequeno Ryan, isto era simplesmente o normal; ele havia passado uma única noite sob o teto da casa de sua própria família. Todos nós estávamos ficando um pouco mais resistentes no campo de treinamento que a nossa vida havia se tornado.

Dez homens cortaram e removeram todas as árvores caídas em nossa propriedade. E, uma vez mais, um exército de anjos terrestres pareceu descer sobre nós, em meio à nossa provação. Foi outra lição para aprender a confiar na bondade e na providência de Deus.

+++ Quando Kevin ligou de volta e me contou a respeito da árvore sobre a casa, a minha primeira reação foi rir — não um riso de crueldade, mas um riso de alegria pela bondade de Deus. E eu queria dizer exatamente isso. Para mim, a pergunta não é "Por que coisas ruins acontecem às pessoas boas?", mas "Por que alguma coisa boa acontece?" Nós certamente não merecemos isso.

Disse a Kevin: "Antes de qualquer coisa, considere o fato de ter acabado a energia. Que grande bênção. Se a eletricidade não tivesse acabado, você estaria na casa, com as crianças, quando a árvore atingiu o telhado. Em segundo lugar, você precisava trocar o telhado da sua casa mesmo. Agora você terá um telhado novo — e o seu seguro é que vai pagar por ele. E, em terceiro lugar, eu tenho uma pergunta, Kevin: Quais árvores caíram nesta tempestade? Todas as árvores fracas! As árvores fortes ainda estão de pé. Você recebeu uma poda natural, que tornou a sua propriedade mais segura e mais saudável, deixando as árvores fortes para a sua família aproveitar. No próximo mês de julho, você nem perceberá que uma única árvore foi derrubada!"

A mão de Deus estava em todas as partes, para que a víssemos em meio a esta situação, mas, como eu disse a Kevin, nós temos que estar dispostos e desejosos de vê-la — recebê-la, como o bem de Deus em nossas vidas.

Dr. William Malarkey, pai de Kevin +++

O trabalho de restauração foi realizado aos poucos, por mais de dois anos. Metade do telhado teve que ser retirado e refeito. O terraço, as paredes internas e o teto, tudo também teve que ser refeito. Eu contratei um homem de nossa igreja para supervisionar o projeto. Ele e sua equipe começaram a trabalhar. Com o tempo, ficou claro que a equipe, cerca de quinze pessoas ao todo, estava usando o seu tempo de férias e saindo em licença de seus trabalhos para ajudar no problema de outra pessoa, no meio do inverno. Estas pessoas eram verdadeiros servos, e, de alguma maneira, conseguiram transmitir a perspectiva de que *eu* estava servindo a *eles*, permitindo que viessem e consertassem a minha casa. Eles trabalhavam como se não tivessem tido tão maravilhoso privilégio por muito tempo.

Nós temos impregnado em nós o desejo de conquistar as nossas coisas, retribuir cada pequeno favor e nunca estar do lado devedor na contabilidade. Pouco depois que "contratei" o capataz, conversei com ele, e assegurei que pagaria todos os trabalhadores. Quando eu estava enfatizando o que dizia, um dos homens ouviu a conversa.

"Você não entendeu ainda, Kevin? Este é o trabalho mais bem pago que eu já tive".

"A ninguém devais coisa alguma, a não ser o amor com que vos ameis uns aos outros" (Rm 13.8). O frio e os danos da pior tempestade do inverno não eram páreo para o calor que encontramos nesses belos exemplos do amor de Cristo.

A nossa Conta Bancária sob Ataque

Nós já estávamos com problemas financeiros antes que tudo isto acontecesse. Agora era praticamente impossível deixar de pensar na nossa falta de dinheiro.

Na mesma manhã do acidente, eu estive na igreja, refletindo sobre os desafios financeiros que a nossa família iria enfrentar, uma vez que o nascimento de Ryan não foi coberto pelo nosso plano de saúde. Agora, tínhamos a situação de Alex, e eu não sabia de onde viria o dinheiro para arcar com os astronômicos gastos hospitalares — isso, claro, durante uma época em que era praticamente impossível que eu dedicasse a minha energia, o meu tempo e a minha concentração ao meu trabalho de conselheiro. A minha presença era solicitada em diversas situações, e com Beth acontecia a mesma coisa.

Uma tarde, quando eu estava no quarto de Alex, pensando em tudo isso, entrou uma representante do hospital.

"Sr. Malarkey, posso falar com o senhor?", perguntou ela.

"É claro. Posso saber de que se trata?"

"Sim. Nós precisamos conversar sobre o pagamento da sua conta".

Enrijeci, mas mantive a minha compostura. Isso me lembrou, estranhamente, de quando recebi a conta da minha recepção de casamento, enquanto o evento ainda estava acontecendo. Fui até o corredor com a mulher, e perguntei: "Qual é o problema?"

Ela disse: "Queria saber se o senhor poderia preencher alguns papéis".

"Bem", respondi, "estou em uma situação especial. Recentemente, comecei a participar de um grupo de compartilhamento de despesas médicas, e, para ser honesto, não sei exatamente em que pé estão as coisas".

Eu estava envergonhado. Nós havíamos usado centenas de milhares de dólares em tempo de hospital, instalações e cirurgias. Ainda que eu não soubesse, seriam milhões em breve, e eu não tinha ideia de onde viria o dinheiro.

"Entendo", ela falou. "Mas o senhor não quer verificar com a Medicaid?"

"Eu não sei muito bem como funcionam essas coisas, mas não é para, você sabe, pessoas que são verdadeiramente pobres? Não imagino que estejamos qualificados".

"As pessoas sempre pensam assim", explicou ela. "Elas ficam surpresas pela maneira como a coisa funciona — particularmente quando têm um grande número de filhos. O senhor não tem quatro? Cada criança aumenta o limite de renda".

"Eu não tinha ideia."

Não tardou muito para que eu examinasse os números e aconteceu que, considerando a minha renda atual e a chegada de Ryan em novembro, nós nos enquadrávamos exatamente dentro do limite para Medicaid. Que peso fora repentinamente tirado de meus ombros! Medicaid pagou cada centavo das despesas de Alex, e a cobertura foi retroativa a 1 de novembro de 2004, para toda a família. Nós devíamos mais de dez mil dólares pelo nascimento de Ryan, e isso também foi solucionado.

Eu já havia recebido duas contas que totalizavam duzentos mil dólares. A soma total dos custos médicos chegava à ordem de sete dígitos. O que eu tirei do bolso no Hospital Infantil foi o total de 14 dólares que, como descobrimos depois, foi um erro de contabilidade. Nem mesmo isso eu devia!

Como posso descrever os meus sentimentos? Estupefato. Agradecido. Humilde. Envergonhado.

Sim, Senhor, entendi o que querias dizer — de novo, orei. *Eu carrego todo este peso de preocupação, e tu cobres tudo com os teus planos. Não havia entendido que as minhas dificuldades com a minha renda e a minha queda de vencimentos faziam parte dos teus planos perfeitos! A soma da minha perda é, de longe, superada pelas contas que eu não tenho que encarar — e mesmo que eu ainda usasse o seguro tradicional, combinado com Medicaid isso ainda me deixaria com uma conta gigantesca que demoraria anos para ser paga. Mas tu sabias, antecipadamente, como nos abençoar. Por que eu não consigo aprender a viver pela fé, a confiar na tua vontade?*

Fora da Prisão da Autopiedade

O meu pai, como sempre, explicou da melhor maneira: "Se você não está quebrado, você vai falir".

Ele tinha razão. Na verdade, eu nunca soube de uma ocasião em que ele não tivesse razão. O meu pai sempre teve o melhor conselho, entre todos os que me aconselharam.

Durante a primeira parte da nossa experiência com Alex e o acidente, papai ofereceu-me o seu ponto de vista, uma vez mais, o que me foi muito útil.

Quando aconteceu o acidente, ele estava dando uma palestra, em um congresso médico na Europa. Ele voou rapidamente para casa, em Ohio. Tão logo me viu no hospital, ele colocou seu braço ao meu redor, e disse: "Filho, muitas pessoas no mundo adorariam que este fosse o seu pior problema".

Eu percebo que muitas pessoas não entendem este ponto de vista, e algumas diriam que ele estava sendo insensível com este comentário. Mas conhecia o meu pai. A sua incrível perspectiva sobre a vida e o que é verdadeiramente importante lhe dá um impressionante poder na vida diária. Quantas vezes pedi a sua ajuda com um problema, enquanto crescia? E quantas vezes ele ouviu pacientemente e me ofereceu bons conselhos? Mas eu sempre soube, todas as vezes, o que iria ouvir, antes de deixar a sala — ele sempre falaria sobre alguém que ambos conhecíamos e que estava enfrentando problemas, para me ajudar a compreender o escopo do meu próprio problema.

Eu acabei entendendo a sabedoria do seu modo de pensar. A autopiedade nos aprisiona dentro dos muros da nossa própria autoabsorção. Todo o mundo é reduzido à dimensão do nosso problema, e quanto mais pensamos sobre ele, menores nos sentimos, e maior parece se tornar o problema. A percepção e consciência são um antídoto salutar a este foco em nós mesmos.

+++

O nosso foco diário sobre os acontecimentos comuns da vida não amortece a nossa percepção dos acontecimentos providenciais e milagrosos que acontecem em nós e à nossa volta todo o tempo?

Dr. William Malarkey, pai de Kevin

Nós não somos os únicos com problemas, e normalmente as nossas próprias lutas estão longe de ser as piores que conhecemos. Nunca há um momento na vida em que é impossível ter um coração cheio de gratidão — não importa o que aconteça. Um evento catastrófico, como o nosso acidente, coloca essa filosofia à prova. Mas ainda assim é verdade, e meu pai ousou aplicar isso ao seu neto, que estava deitado no vale da sombra da morte.

Eu não precisava saber o quanto era desafortunado. Eu precisava ser lembrado da verdade: as minhas lutas estavam longe de ser as únicas, e ainda tinha muito pelo que ser grato. Não consigo imaginar nenhum ponto de vista sobre a vida que seja mais sábio ou mais bem fundamentado. Lembro-me de estar na sala de espera da UTI, vendo as notícias do tsunami que varreu a Indonésia no fim do ano. Aproximadamente 230 mil pessoas, em cerca de doze países, morreram; 43 mil delas simplesmente desapareceram, sem deixar vestígios.

Sentei-me na cadeira do hospital e observei na televisão uma casa flutuando junto à costa. Pensei comigo mesmo, *Eu ainda tenho Alex, que está vivo pela graça de Deus, eu ainda tenho a minha casa.* É verdade, essa casa precisava de alguns importantes consertos, mas ainda a tinha. E mesmo quando a minha casa foi destruída pela força da árvore, eu ainda podia dizer: "Muitas pessoas por todo o mundo adorariam que este fosse o seu pior dia".

O meu pai não acredita na existência de um mau dia. Eu descobri que aderir a esta filosofia faz uma grande diferença no nosso estado de satisfação. Quanto mais difícil se tornava a vida, mas bem nós víamos nas pessoas e em Deus.

É possível conhecer a paz e a dor, ao mesmo tempo, ainda que pareça difícil acreditar. A vida pode ser difícil, e ainda pode parecer certa. Ainda que eu chorasse algumas vezes, eu sabia que a minha família estava de acordo com a vontade de Deus. Eu podia dizer, como o antigo hino, *Está tudo bem com a minha alma.*

+++

Lembro-me de ter dito ao meu pai que estive feliz durante os primeiros sessenta dias do coma de Alex — e havia chorado em cinquenta e sete deles.

Kevin Malarkey

Ainda assim, em momentos de reflexão, eu me perguntava, *Você desejaria que o acidente nunca tivesse acontecido?* Esta é fácil. Sim — e não. De um ponto de vista estritamente humano ou físico, naturalmente, eu desejaria que o acidente nunca tivesse acontecido. Mas não sou meramente uma massa de moléculas, incoerentemente viajando descontrolada pelo tempo e espaço. Eu sou um filho de Deus, destinado a outro mundo, um mundo diante do qual este perde importância. A nossa preparação espiritual para o *próximo* mundo deve ser a prioridade da vida *atual.* Uma vez que o acidente trouxe a Alex e a mim — e a incontáveis milhares de pessoas — uma vida mais profunda com Deus, então a minha resposta a esta pergunta deve ser diferente. Eu decidi considerar o acidente como uma parte integral da minha vida.

E se nós pudéssemos voltar e escrever diferentemente o roteiro da nossa vida? Com o que sei agora, poderia evitar muita dor, evitando o futuro apresentado diante de mim. Mas também estaria perdendo as incontáveis bênçãos de Deus, atuais e futuras. Eu nunca poderia ter paz a respeito disso.

Não é uma questão de Deus planejar que o meu filho sofra, mas de Ele planejar usar tudo para fazer coisas maravilhosas que abençoam muitas vidas — incluindo o meu filho e o resto da minha família. Nada de bom acontece sem um preço. É muito difícil entender, contudo pergunte a si mesmo: E se Jesus — que *tinha* o conhecimento prévio da sua crucificação — tivesse desistido?

Eu detesto a dor e o sofrimento, mais que qualquer outra coisa neste mundo, especialmente quando afetam as pessoas que amo. Mas confio em Deus; confio nEle implicitamente, para converter a tristeza em alegria, e o pesar em regozijo. Mal posso esperar para ver Alex se regozijar!

Alex Pode nos Ouvir?

Beth e eu estávamos com Alex todos os dias, mas sabíamos que os seus irmãos precisariam vê-lo também. Determinar a ocasião certa era complicado. Seria difícil para eles compreender por que Alex não poderia falar, nem brincar, e porque ele estava em um quarto estranho, com muitas máquinas assustadoras.

Depois de algumas semanas do coma de Alex, nós decidimos levar Aaron para ver seu irmão. Aos quatro anos, ele era o irmão mais próximo a Alex, em idade e em amizades. Alex tinha alguns amigos, mas o seu melhor companheiro sempre fora Aaron. Eles eram inseparáveis. Na verdade, dos quatro até os seis anos, nós quase não temos retratos de Alex sem Aaron. Isso diz tudo, não é? Eles praticavam esportes juntos, eles brincavam juntos, eles corriam juntos, eles subiam juntos em árvores, e, sim, eles desobedeciam a seus pais — juntos!

Nós passamos algum tempo conversando com Aaron, preparando-o para a experiência. Na nossa "sabedoria de pais", nós lhe dissemos que Alex estava dormindo. Embora conversássemos com Alex todo o tempo, esperando que, de alguma maneira e até certo ponto, ele nos pudesse ouvir e entender, não queríamos que Aaron tivesse expectativas pouco realistas.

Aaron estava ansioso por trazer a Alex um presente: um boneco de G. I. Joe. Nós lhe dissemos que pensávamos que esta era uma ótima ideia. Beth e eu tínhamos um amigo, o "Sr. Jeff", que também era íntimo de nossos filhos. Ele acompanhou Aaron e eu, carregando Aaron em seus braços, e nós três entramos no quarto de Alex.

O meu radar estava completamente alerta, observando Aaron atentamente. Como ele poderia lidar com este estranho cenário para o seu adorado irmão mais velho? Na maravilhosa maneira de uma criança, ele aceitou tudo com calma, e ficou feliz por ver Alex. É muito fácil subestimar as crianças.

Nós seguramos Aaron acima do corpo reclinado de seu irmão, e ele começou a mostrar a Alex o brinquedo bacana que lhe havia trazido. Em tempos melhores, os dois adoravam brincar juntos com bonecos. De muitas maneias, Alex havia sido o irmão mais velho ideal para um garotinho pequeno.

Eu me pergunto o quanto estava sendo difícil para Aaron, o quanto ele estava sentindo falta de seu companheiro favorito.

"Você está vendo como G. I. Joe mexe as pernas? Ele está correndo!", dizia Aaron, mexendo nas pernas do boneco e fazendo todos os efeitos sonoros apropriados. "Veja, ele faz o golpe de Kung Fu!"

Ele demonstrava todas as características do boneco, como se os dois estivessem sozinhos, divertindo-se, como sempre faziam.

Eu deveria ter ficado satisfeito com o comportamento relaxado e feliz de Aaron, mas não conseguia deixar de pensar que, em algum momento, o coraçãozinho dele poderia se magoar porque seu irmão mais velho, Alex, não respondia. Da maneira mais gentil e protetora que podia, eu disse: "Lembre-se, Aaron, o seu irmão está dormindo. Ele não consegue ouvir você".

Aaron olhou em volta, olhou diretamente em meus olhos, e anunciou com absoluta confiança: "Ele consegue me ouvir".

Ele tinha apenas quatro anos, mas falou com toda a certeza de alguém que conhece todos os fatos. Ele olhou em volta mais uma vez, como querendo dizer, *Qual é o problema com essas coisas que os adultos não conseguem entender?* E continuou a demonstrar as características do boneco para o comatoso Alex.

Eu poderia igualmente ter dito a ele que o céu era verde. "De que você está falando, o céu é verde? Todos podem ver que o céu é azul. É claro que Alex pode me ouvir".

Jeff e eu simplesmente nos olhamos, e encolhemos os ombros. Uma criança consegue perceber e ver certas coisas que as mentes céticas dos adultos não conseguem?

Milagres no Natal

O mundo não deixa de girar para acomodar uma crise familiar. As nossas vidas continuaram, uma massa indistinta de compromissos, discussões e remédios, mesmo enquanto miríades de pessoas cuidavam de nossos outros filhos e muitas de nossas próprias necessidades. A única coisa constante ao redor da qual tudo girava era Alex, em seu longo sono. Fazia um mês que a nossa família de seis pessoas havia estado em um mesmo cômodo ao mesmo tempo.

Mesmo quando Alex estava a centímetros de distância, em corpo, mas em um mundo distante, em espírito, nós começamos a prepará-lo para o seu retorno à vida. Nós continuávamos confiantes de que o milagre aconteceria, e acreditávamos que tínhamos que nos preparar. Muito gentilmente, nós o tirávamos de sua cama e o colocávamos em uma cadeira de rodas, por curtos períodos de tempo, um processo cuidadoso e metódico. Em primeiro lugar, nós o levávamos para a beira da cama, de modo que as suas pernas ficavam penduradas. Beth deslizava por trás dele, para sustentá-lo e para lhe dar grandes abraços. O que, a princípio, era uma série de movimentos cuidadosamente executados, se tornou outra rotina em nossas vidas.

Um dia, alguma coisa mudou. Enquanto Beth executava o processo, os lábios de Alex formaram um ligeiro, mas inconfundível, sorriso. Nós nos olhamos para confirmar que não havíamos imaginado. O nosso filho estava sorrindo. Nós nos olhamos com assombro enquanto lágrimas de alegria começavam a correr. Deus era tão bom para nos dar este pequeno sinal encorajador. Talvez Aaron estivesse certo: *O que você quer dizer, ele não consegue nos ouvir?* Mas acabou sendo apenas um momento, e Alex partiu outra vez para algum lugar ao qual não podíamos ir.

No Natal, nós fizemos uma pausa para considerar que já se haviam passado seis semanas desde o acidente. De alguma maneira, pareciam seis anos. Pela primeira vez, o hospital nos permitiu trazer todos os filhos ao quarto de Alex. Pelo terceiro dia em nossas vidas, os seis estivemos em um único lugar. Nós pudemos abrir alguns presentes juntos, e fazer uma fotografia de Natal da família.

É outra ideia difícil de explicar, a menos que você tenha estado em uma situação parecida com a nossa, mas foi um dos melhores Natais que eu já tive. Agora, nós havíamos aprendido a não encarar nada como garantido. O nosso filho estava em coma, a nossa nova casa estava destroçada, e a presença de Deus era mais real para nós do que nunca. O fato de que estávamos juntos era, por si, um presente especial de Deus. Nós nos abraçamos, e oramos para que o Senhor nos aproximasse ainda mais — uns dos outros, e dEle mesmo — em 2005.

+++ Várias semanas depois do acidente de Alex, eu estava participando de uma revisão de casos. Isso acontece quando um médico revisa os dados de pacientes com a sua equipe, para avaliar a qualidade do atendimento e nos instruir sobre determinado ferimento ou doença de um paciente. Durante a revisão, nenhuma informação é dada que possa ser usada para identificar uma pessoa. No entanto, quando o médico se referiu a um paciente, os detalhes me pareceram familiares.

O médico nos disse que a equipe havia feito um excelente trabalho. Ele nos mostrou uma radiografia que revelava que o crânio do paciente fora separado da sua coluna. O médico concluíra que o paciente havia morrido, porque este ferimento era simplesmente incompatível com a vida.

Eu não tinha 100% de certeza de que este era o caso de Alex, porque não nos fora dada nenhuma informação para identificação. Mais tarde, porém, descobri que este era, realmente, Alex. Normalmente, o médico teria estado correto, ao dizer que um paciente nesta condição estava morto; no entanto, o Senhor estava cuidando de Alex, e ele não estava morto.

Dave Knopp, paramédico +++

Em meio a toda a alegria, por estarmos todos juntos, os meus olhos iam de um filho a outro, e então a Beth, mas a minha mente perambulava sobre o futuro das contas sempre aumentando. Se parece que os meus pensamentos oscilavam, entre conservar a minha mente em Jesus, na assombrosa provisão financeira que Deus havia feito e a montanha de provações que estávamos escalando — era exatamente assim. Em certo momento, eu triunfava em fé. Em outro, permitia que ondas de irritação obscurecessem o Redentor. Eu costumava ler as histórias dos israelitas, e me perguntar, *Como essas pessoas ingratas puderam tirar tão rapidamente os olhos de Deus, depois de todas as coisas milagrosas que Ele fez por elas?* Não tenho mais que me perguntar. Eu era exatamente como elas.

No entanto, em meio a todas essas preocupações temporais, todos iríamos ver o mundo em que vivíamos colidir com o mundo em que Alex estava vivendo.

De Alex

Anjos

E eis que um anjo do Senhor veio sobre eles, e a glória do Senhor os cercou de resplendor, e tiveram grande temor. E o anjo lhes disse: Não temais.

LUCAS 2.9-10

Os anjos não são nem meninos, nem meninas. Não são nem uma coisa, nem outra.

São completamente brancos, e têm asas.

Alguns não são tão grande como papai pensava que seriam — têm apenas 60 centímetros de altura. Outros anjos, especialmente os anjos do Céu, são maiores. Os anjos me visitaram muitas vezes, e eu tive medo quando mais de um deles vinha. Mais tarde, quando meu pai e eu pudemos conversar sobre estas coisas, ele me disse que talvez esses anjos tivessem tamanho menor para me ajudar a superar o meu medo — eu não sei.

Eles têm funções diferentes. Um deles apenas faz com que me sinta melhor — eu fico com mais coragem. Outro me ajuda a abrir a boca e formar palavras. Outro pôs as suas mãos sobre o meu peito — para me ajudar a ficar mais forte, para me ajudar a respirar. Sempre vejo os anjos, quando eles vêm, e mesmo quando não podia falar, eles podiam me ouvir. Ao mesmo tempo em que fazem o seu trabalho, entoam belos cânticos para Deus.

Certa vez, quando os anjos estavam comigo, em meu quarto no hospital, meu pai me perguntou se eu queria cantar com eles. Disse que sim, e nós entoamos um cântico de adoração — eu não conseguia cantar com a minha boca, mas estava cantando com os anjos — eles podiam me ouvir. Isto foi nos dias em que eu tinha que falar com as pessoas com sinais especiais — mas eu não precisava falar dessa maneira com os anjos!

As pessoas me disseram que depois de estar com os anjos, o meu rosto brilha — como mil manhãs de Natal. É curioso que eu normalmente só pudesse sorrir com um canto de minha boca, mas os sorrisos depois das visitas dos anjos eram imensos. Li sobre o rosto de Estêvão na Bíblia, quando ele olhou para o céu. Será que o meu rosto se parece com o dele?

Há diferentes tipos de anjos. As pessoas sempre me pedem para descrevê-los, mas é difícil! Eu só posso usar palavras como *magnífico, impressionante,* e *incrível.*

Os anjos conversam comigo, sobre eles mesmos, e sobre mim. Alguns dos anjos são mensageiros, e alguns são guerreiros, e alguns são adoradores. Um grupo de anjos guarda os muros do Céu. São os mais resistentes entre todos os anjos. Eles têm posições junto ao muro, e o posto principal é junto às portas do céu.

O meu pai perguntou se era como a Grande Muralha da China. Não, não é — como eu posso descrever? Mas os anjos estão espalhados assim.

Há muitos edifícios no Céu, mas vejo apenas o Templo. Deus nunca sai do trono no Templo. Há um pergaminho em um recipiente de vidro. Ele descreve o fim dos tempos. Ninguém pode ler esse pergaminho, apenas Jesus.

Há muitos anjos diferentes. A única coisa que todos eles têm em comum é o fato de que são impressionantes!

Eles também me acalmam.

CAPÍTULO 6

NÓS CONHECEMOS OUTRO MUNDO

Como homens e mulheres devotados à ciência, eles não tinham explicação sobre como isso pudesse ter acontecido no hospital.

Quando dezembro se aproximava, muitas coisas incríveis haviam acontecido, desde o acidente, nós sentíamos que, com a exceção da completa recuperação de Alex, os mais importantes eventos ficaram para trás. Já existiam causas mais que suficientes para louvor. Afinal, Alex estava vivo, e nós sentíamos que estávamos firmemente seguros nas amorosas mãos de Deus. Nós havíamos sentido amor e apoio espiritual, para não mencionar apoio material, de uma maneira como não julgávamos possível. As fontes de sustento de Deus pareciam nunca se esgotar.

Hillbilly disse que sentia o Espírito de Deus se movendo de uma maneira poderosa. Logo estaríamos mergulhados profundamente em um mundo que eu havia conhecido apenas superficialmente.

A Ciência Fica Perplexa

A primeira cirurgia de Alex aconteceu durante o mês do acidente. Foi preciso abrir um orifício em sua garganta para que um respirador pudesse ser conectado e para que os tubos pudessem ser removidos de sua garganta. Esta operação é chamada traqueostomia. Os cirurgiões também fizeram uma pequena abertura para um tubo estomacal, pelo qual ele poderia receber fluidos e remédios, uma vez que ele não conseguia engolir.

Como eu desejava ver Alex sem todos aqueles monitores, máquinas, tubos e cabos! Quando a equipe médica começou a desenganchá-lo para a cirurgia, no entanto, fiquei cada vez mais ansioso. Alex precisava de tudo aquilo para sobreviver. Será que eu podia ter certeza de que eles realmente sabiam o que estavam fazendo? Uma pergunta tola, eu sei, mas, no momento, tudo isso era bastante enervante. Como um pai que olha sem nenhuma capacidade de proteger, de apressar a situação, ou de manter a salvo o meu filho, o sentimento de impotência era inevitável.

Ainda assim, desde o primeiro dia da crise, nós aproveitamos cada oportunidade de abraçar Alex, dizer palavras de consolo, e, de modo geral, tratá-lo como se ele entendesse tudo perfeitamente. Nós decidimos, desde o princípio, tratá-lo da mesma maneira como tratávamos os nossos outros filhos. Nós falávamos com Alex como se os seus olhos estivessem abertos e ele estivesse ouvindo, acenando com a cabeça e sorrindo — apenas não respondendo. Nós o encorajávamos. Nós lhe dizíamos que Deus estava com ele. As nossas palavras eram mais verdadeiras e mais maravilhosas do que poderíamos ter imaginado.

A cirurgia correu bem, de acordo com o que os médicos nos informaram depois. Alex tinha agora duas novas aberturas em seu corpo. Os especialistas médicos nunca teriam imaginado que ele conseguisse sobreviver o suficiente para sofrer esses procedimentos. Nós acreditávamos que a cirurgia foi simplesmente mais um passo positivo para trazer o nosso filho de volta.

Quando a condição de Alex se estabilizou um pouco, os médicos começaram a explorar os passos seguintes. Anteriormente, eles nos disseram que planejavam fundir as vértebras no pescoço de Alex. Sem uma intervenção cirúrgica, afirmavam, o seu pescoço nunca seria estável.

No fim de novembro, eles estavam considerando a possibilidade de um passo intermediário: prender um suporte, em forma de auréola, à cabeça de Alex, que manteria o seu pescoço no lugar. Eles marcaram uma tomografia computadorizada do pescoço de nosso filho para o dia 30 de novembro; naquele mesmo dia, mais tarde, eles nos disseram, que poderiam prender o suporte. Este suporte, um anel metálico é preso ao crânio com pinos, manteria imóveis a sua cabeça e o seu pescoço, e poderia ajudar a curar a área de maiores danos.

Para os médicos, estas opções eram possibilidades estimulantes. Para Beth e para mim pareciam passos na direção errada. Nós esperávamos a vitória total. Nós orávamos pela cura completa.

Os médicos continuavam suas deliberações, sem se dar conta de nossos esforços. Depois de examinar os resultados da tomografia de Alex, eles decidiram cancelar o plano da auréola, mas continuaram a considerar a fusão das vértebras.

O inconveniente da operação era o fato de que Alex nunca recuperaria todos os movimentos do pescoço — e o que isso significaria, quando ele estivesse completamente curado? Isso não preocupava a equipe médica. Nós não tínhamos certeza do que fazer, e então conversávamos muito sobre o assunto, orávamos, e decidimos dar o sinal verde aos médicos. Foi marcada uma data, e o exército de guerreiros de oração novamente assumiu a sua posição de luta — de joelhos.

E então recebemos notícias espantosas. No fim de dezembro, os médicos concluíram que as vértebras se haviam curado, sem intervenção, ou melhor, sem intervenção de *médicos*. "Não sabemos ao certo o que aconteceu", foi o que me disse o neurologista, "mas não precisaremos fazer a operação".

Eu me senti em êxtase. "Está tudo bem, doutor, nós entendemos; na verdade, sabemos o que aconteceu. Há um Médico que vem curando pessoas desde o princípio dos tempos, e Alex é um dos seus pacientes."

A notícia foi levada ao Exército de Alex. Eles se alegraram, mas não ficaram surpresos.

Nós tínhamos confiança de que Deus havia intervindo, em tempo e espaço, respondendo às orações dos santos. Algum tempo depois, nós descobrimos outros eventos intrigantes que aconteceram aproximadamente na mesma época.

Pouco depois que a operação foi marcada, e então cancelada, nós ficamos sabendo que Sue, queria nos contar a sua própria experiência com Alex. A história que ela nos contou constituía outro milagre em nossa notável experiência — e antecedeu ainda outro milagre.

Visitantes da Noite

Nós vimos pessoas fazendo o trabalho de anjos — chamando o resgate, entrando no carro para orar com Alex, entrando no helicóptero, e até mesmo aparecendo para servir a Deus, trabalhando em nossa casa. Mas a narrativa de Sue indicava que estávamos entrando em uma nova área — em que eu não havia tido uma experiência direta.

Sue respondeu a um pedido anterior, em que procurávamos guerreiros de oração que estivessem dispostos a ficar com Alex durante a noite. Em uma dessas noites, ela entrou silenciosamente no quarto, e sentou-se em frente à sua cama. Ela passou as horas seguintes lendo e orando por Alex. Aproximadamente às 3 horas da manhã, quando a sua cabeça estava inclinada, em oração, ela ouviu o som de água fluindo da torneira no quarto de Alex. Pareceu-lhe um pouco estranho, mas como não há portas nas unidades de UTI, ela supôs que uma das enfermeiras estava lavando as mãos no quarto. Finalmente, ela não pôde mais esperar e olhou para cima, somente para ver que não havia ninguém ali.

Ela baixou novamente a cabeça, e depois de alguns momentos o som de água correndo voltou a encher o quarto de Alex. Ela olhou para cima — nada. Então, voltou à oração. E, pela terceira vez, ela ouviu água correndo. Quando olhou para cima, não viu nada. Embora ela achasse isso estranho, ela estava ali com um propósito específico, e continuou a orar.

De repente, ela se encheu com o conhecimento, em seu espírito, de que havia três anjos presentes no quarto, em pé, atrás de Alex, com suas mãos em seu pescoço. Ela não estava olhando — ela não via nada com os olhos — mas ela *soube* e *sentiu* a presença deles.

Antes de sair, um dos anjos lhe disse: "Há mais a fazer, mas isto é tudo por hoje". Sue nos disse que estava convencida de que anjos estavam servindo Alex, e cuidando dele — especialmente no meio da noite.

Beth leu várias vezes o e-mail de Sue. Nós nos sentimos em uma espécie de assombro e espanto porque os anjos visitaram o nosso filho e a nossa amiga, que não os havia visto, mas estava certa de que eles estavam ali, como ela estava. É fácil descartar este tipo de coisa, mas houve mais informações que tivemos que considerar. Depois de refletir sobre o e-mail, Beth considerou quando haviam ocorrido os eventos que Sue narrou. Ela pegou a tabela de horários de visitas e orações, e começou a examinar as datas em que as pessoas passaram a noite com Alex. A informação estava facilmente disponível, porque cada detalhe deste ministério de oração era minuciosamente organizado.

Quando Beth encontrou o registro daquela noite, ela me chamou. "Veja isto, Kevin. O registro está bem aqui. Sue ficou orando com Alex na noite anterior ao dia em que os médicos planejavam instalar a auréola. Os anjos estiveram ali na noite anterior ao dia em que o procedimento foi... cancelado". Beth olhou nos meus olhos com uma expressão tranquila e confiante, como dizendo: "Está acontecendo".

Uma explosão de esperança me percorreu. *Oh, Deus, ajuda a minha incredulidade. Tu és o Deus dos milagres.*

Alguns dias depois, o telefone tocou.

"Alô", atendeu Beth.

"Alô, meu nome é Melissa. Sinto incomodá-la, mas eu tinha que telefonar. É sobre Alex. Eu estive orando por ele".

"Não é incômodo nenhum. Nós agradecemos imensamente a todos os que o apresentam a Deus em oração".

"Bem, não quero surpreendê-la, mas uma coisa aconteceu, e queria lhe contar. O momento é apropriado?"

"Sim. O que foi?"

"Eu tive uma visão... de Deus... sobre Alex e anjos. Eu sou uma pintora, e tive que pinta-lá. Posso enviá-la a você? Gostaria que você ficasse com ela".

"Sim, nós adoraríamos vê-la".

Depois da experiência de Sue, a ideia de visões de Deus era menos chocante do que teria sido antes de toda esta situação. Nós estávamos ansiosos por ver o que esta mulher pintou — o que ela tinha certeza de que Deus lhe havia mostrado.

Quando chegou o pacote, nós o abrimos cuidadosamente. Depois de removida a última folha de papel, nós vimos, e ficamos espantados com a imagem. Claramente retratados estavam três anjos em pé, atrás da cama de Alex, com suas mãos no pescoço dele. Durante muito tempo, nós apenas olhamos, bebendo o maravilhoso encorajamento do nosso impressionante Deus. Ele havia, realmente, enviado anjos para servir Alex.

Logo nós telefonamos para Sue. Ela nunca havia se encontrado com a artista, nunca havia falado com ela. Beth descreveu a pintura em detalhes. Sue também ficou espantada quando confirmou que o quadro capturou exatamente o que Deus havia revelado a ela, durante a sua vigília de oração. Nós nos lembramos das palavras de Jesus, em Mateus 18.10, sobre as criancinhas: "Porque eu vos digo que os seus anjos nos céus sempre veem a face de meu Pai que está nos céus".

Nós digitalizamos o quadro e o publicamos em PrayforAlex.com para que todos pudessem ser abençoados por ele. E, mais do que nunca, ficou claro que Deus estava envolvido em nossa situação, de uma maneira notável, e que o resultado era que o Senhor seria glorificado. A nossa esperança para o futuro continuava a ser edificada.

Nós damos graças a Deus pelos anjos de Alex.

Despertar

Quando a época das festas terminou, e um novo ano se iniciou, o longo sono de Alex continuava. O seu corpo ainda estava conosco; o seu espírito, impossível de explicar.

Esperávamos com fé que Deus o trouxesse de volta para nós, mas houve outro problema. A equipe médica estava decidindo sobre o lugar para onde enviariam Alex. Eles queriam removê-lo, mas para onde? A conversa adquiriu um tom estranho. Todos, exceto a equipe da UTI, pareciam ter medo em relação ao respirador e os problemas relativos ao aparelho.

Finalmente, os médicos começaram a falar em enviar Alex à unidade de reabilitação. Beth e eu não conseguíamos entender essa ideia — como você pode reabilitar uma criança em coma? Logo descobrimos a resposta: não pode. Você "reabilita" os pais. Seria para nos treinar, para que nós pudéssemos levar Alex para casa.

+++ Aqui está uma carta que escrevi a Alex, em 6 de janeiro de 2005:

Alex,

Tenho orado por você com frequência, e por muitas coisas. Pedi a Deus as suas mãos de cura, e toquei todo o seu corpo.

Pedi a Deus que deixasse cada célula do seu corpo completamente curada.

Orei pelos ferimentos em seu cérebro e na sua coluna, para que fossem restaurados; orei para que você recuperasse as funções perdidas.

Pedi que Deus permitisse que você *viesse para fora*, como Lázaro. Roguei que Ele restaurasse a você a consciência necessária para se tornar um paciente de reabilitação, em vez de um paciente para neurocirurgia na unidade de reabilitação.

Eles não acreditam que você possa fazer isso, Alex. Acho que eles não conhecem o nosso Deus tão bem como nós; talvez eles não tenham visto o que Ele fará, quando nós confiarmos nas suas promessas. Os médicos falam de respiradores, mas pedi a Deus que nunca chegasse o dia em que um respirador entrasse em nossa casa; ele não seria necessário, porque você estaria respirando livremente e independentemente ao voltar para casa.

Alex, nunca orei tanto em minha vida. Creio em ousadas possibilidades em que, no passado, nunca teria ousado crer.

Orei Efésios 3.20 por você:

Ora, àquele que é poderoso para fazer tudo muito mais abundantemente além daquilo que pedimos ou pensamos, segundo o poder que em nós opera.

Vi você nas palavras de Salmos 91.1-5:

Aquele que habita no esconderijo do Altíssimo, à sombra do Onipotente descansará.

Direi do Senhor: Ele é o meu Deus, o meu refúgio, a minha fortaleza, e nele confiarei. Porque ele te livrará do laço do passarinheiro e da peste perniciosa. Ele te cobrirá com as suas penas, e debaixo das suas asas estarás seguro; a sua verdade é escudo e broquel. Não temerás espanto noturno.

Alex, não serei desonesto e dizer que não tive momentos tristes. Estou sentindo uma falta terrível de toda a diversão que já tivemos.

Mas, sinto-me muito abençoado por ser o seu papai aqui na terra. Você superou cada expectativa que já tive de um filho.

Oro pela derrota de Satanás, todos os dias. Oro para que o próprio Deus sopre nova vida em você, e quando o vejo, curvo-me e tento soprar o meu próprio fôlego em suas narinas e em sua boca. Vejo como você não gosta!

Meu filho, prometo amar você, e cuidar de você, não importando o que o futuro traga, enquanto nós estivermos vivos. Estou em você, e você está em mim. Isso nunca mudará.

Oro para que Deus alinhe a minha vontade com a dEle, e o louvarei por tudo o que Ele fizer. Eu o enalteço e adoro todos os dias em que vemos o milagre chamado Alexander.

Eu amo mais você hoje do que ontem.

Papai

Kevin Malarkey +++

Nós aprendemos como alimentar o Alex, dar remédios, higienizá-lo, monitorar o equipamento e tudo o que era necessário para fazer o nosso filho passar por cada dia. O "exame final" foi que cada um de nós teve que cuidar completamente de Alex durante um período de 24 horas, incluindo uma noite inteira. Alguém perdeu a papelada, e eu tive que fazer o teste duas vezes. E não me importei.

Finalmente, Alex deixou a UTI e foi para um novo quarto na unidade de reabilitação. O plano, como soubemos em nossa primeira reunião, era mantê-lo ali por aproximadamente um mês. Afinal, ele não era um verdadeiro paciente de reabilitação, e não podia se beneficiar dos serviços dessa ala. Beth e eu tínhamos um mês para adquirir a capacidade de cuidar de todas as necessidades de Alex, depois que ele fosse liberado do hospital. Mas eu tinha planos diferentes.

Eu olhava à volta e via todos os equipamentos de exercícios e os terapeutas treinados. Podia visualizar Alex se beneficiando de todo esse ambiente. Como disse aos nossos seguidores em PrayforAlex. com eu queria que o meu filho aproveitasse tudo o que havia para ele na reabilitação. Alex não precisaria estar completamente consciente, apenas o suficiente para satisfazer as exigências mínimas de reação.

Este foi um momento de verdadeira crise. Os médicos não tinham mais esperanças da recuperação de Alex, mas nós tínhamos

— e desejávamos mantê-lo naquele lugar que o ajudaria no longo caminho rumo à recuperação. O hospital fez o seu dever, nós tínhamos feito tudo o que podíamos, e agora era o momento de Alex aparecer. Cabia a ele — o que significa dizer, é claro, que cabia a Deus.

Eu orava, *Senhor, acorda Alex! Toca hoje o seu tronco cerebral e manda-o de volta para nós, porque esta é a sua oportunidade de começar a melhorar. Este é o lugar onde estão as ferramentas de que ele precisa.*

Eu também acreditava, sentia em meu espírito que uma mudança aconteceria, muito em breve. Alex já estava começando, ainda que muito ligeiramente, a perceber atividade na sala com os seus olhos. A sua condição era estável, e os seus remédios, controlados. O nosso filho parecia estar dormindo melhor na unidade de reabilitação, e acreditávamos que ele estava muito perto de estar pronto para uma "cura poderosa".

Beth e eu tentávamos continuar vendo o bosque, e não apenas as árvores, isto é, o quadro todo. Nós sabíamos que o quadro todo era Deus fazendo alguma coisa que não podia ser explicado por meios humanos. Nós estávamos prontos para cuidar do nosso menino em um coma permanente, se a situação chegasse a esse ponto, mas não acreditávamos que era esse o fim da história. Por isso pedimos a todos os nossos amigos e ao notável Exército de Alex que se unissem, em súplicas ao Senhor. Suplicamos que Ele interviesse uma vez mais na condição médica do nosso filho. O nosso objetivo de longo prazo era tê-lo em casa, conosco, onde era o seu lugar. Foi fixada uma data, e nós convocamos os nossos guerreiros de oração mais uma vez.

Havia certo ceticismo a respeito desta estratégia. Alguns achavam que cuidar dele em casa nunca daria certo. Uma enfermeira, por exemplo, nos disse "Eu posso cuidar dele em um hospital como este, mas não acho que pudesse fazer isso em uma casa". Ela, e outras pessoas, acreditavam que a resposta era uma clínica. As clínicas são soluções viáveis para os outros — mas nós queríamos o nosso filho na sua própria cama, sob o nosso teto. Não conseguíamos imaginar outro final para a história.

Nós sabíamos que as coisas seriam difíceis, e acreditávamos estar prontos para essa realidade.

Um Grande Passo

Certa manhã, o telefone tocou, e uma voz alegre que eu conhecia muito bem me cumprimentou.

"Kevin!" Era o meu pai.

"Papai, que há de novo?"

"Kevin, ele está voltando! Ele está voltando!" "O que você quer dizer?"

"Eu fui ver Alex esta manhã, e ele acompanhou a minha aliança com os olhos — ele estava *seguindo o rastro*!"

O meu coração começou a bater loucamente, e eu não perdi tempo em ir para o hospital. Não foi a primeira vez que eu ouvia observações esperançosas sobre Alex — as pessoas costumavam ver, ou pensavam ver, expressões faciais. Alguns tinham certeza de que ele havia movido a mão ou um dedo do pé. Há ocasiões em que estamos tão ansiosos que pensamos ver o que ainda não existe.

Mas estas palavras vinham do meu pai, o Dr. William Malarkey, famoso médico. Ele sabia o que procurar, e não lidava com esperança fabricada. Ele nunca havia feito tal declaração. O seu entusiasmo me deixou animado.

Eu ainda considero o dia 8 de janeiro como o dia em que o meu filho saiu de seu coma, mas não foi nada tão instantâneo. Ele não acordou de repente, como se despertasse de um sono... Ele estava ausente por quase dois meses. Ele havia desaparecido de nós em um instante, mas o seu retorno ao Alex que conhecíamos demoraria muito mais, considerando os danos à sua espinha e à sua cabeça. Os médicos estavam muito céticos a respeito de quaisquer futuras capacidades que ele pudesse ter, ou até mesmo a sua capacidade de pensar. Mas a partir desse dia, o nosso Alex começou a sua longa jornada de volta para casa. Era como se a luz da sua mente estivesse sendo ligada com um interruptor de controle de intensidade. Cada dia trazia Alex a um novo passo de volta ao nosso mundo.

Senti-me pronto a comemorar quando o hospital concordou em admitir Alex na reabilitação. A minha oração havia sido atendida, e não importava quão improvável ela pode ter parecido para os outros — Deus havia se manifestado. Agora Alex podia começar a trabalhar

Antes do acidente

ACIMA ▲

Alex, pouco tempo antes de completar três anos, com seu companheiro e melhor amigo, recém-nascido, Aaron. Os dois irmãos sempre foram inseparáveis.

IMA ▲

ada duas semanas antes do acidente, é a última fotografia de Gracie, on e Alex, todos juntos e saudáveis. vezes, tenho dificuldades para me brar como eram as coisas quando x podia andar. Nesses momentos, eu para esta foto.

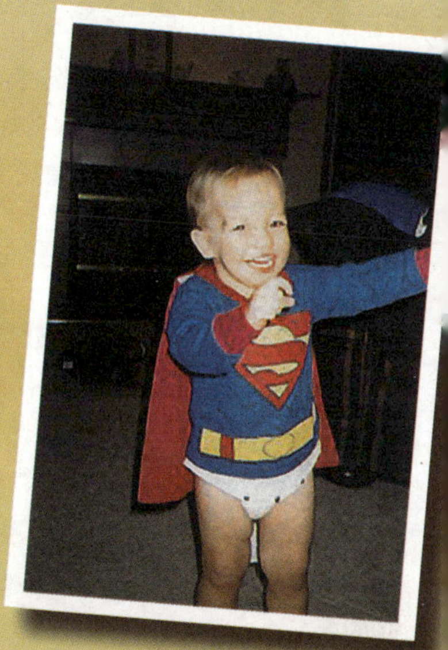

DIREITA ▶

Esta não seria a última vez em que Alex foi como o Super-Homem. Vários anos mais tarde, ele faria a "Operação de Christopher Reeve".

Examiner Photo by Brian J. E

O carro de Kevin L. Malarkey, 39, morador de Huntsville, junto à County Road 57 depois de ser atingido, no sábado, por um automó conduzido por Emily Jill McCain, 23. O filho de seis anos de idade do Sr. Malarkey ficou gravemente ferido no acidente.

Menino em estado grave após acidente

Outras quatro pessoas também ficaram feridas

Pela EQUIPE DO EXAMINER

Um menino de seis anos de idade, de Huntsville, permanecia em condição crítica esta manhã, na unidade de cuidados intensivos, no Hospital Infantil em Columbus depois de um acidente de carro na tarde de sábado.

William Alexander Malarkey, morador do número 2.109 da County Road 57, foi levado por um helicóptero do resgate aéreo ao hospital, onde representantes do departamento de polícia de Logan County informaram que sua vida estava sendo mantida por aparelhos.

Ele ficou ferido após o carro em que estava com o seu pai, Kevin L. Malarkey, 39, cruzar a pista e ser atingido por um veículo conduzido por Emily Jill McCain, 23, às 13h35, no cruzamento da State Route 47 com a County Road 9.

O Sr. Malarkey seguia para o leste, e desejava entrar na County Road 9 e não viu o carro de McCain, que se aproximava pelo lado oposto, que se chocou contra o seu veículo, empurrando-o para uma vala, próxima ao cruzamento.

O Sr. Malarkey, a senhora McCain e s dois filhos, Zoe Madison Gingrey, 6, e Zande McCain, 1, foram levados ao Hospital Mary Ru por equipes de Bellefontaine e Robinaugh com rimentos leves.

No momento da colisão, o pai foi arreme do para fora do veículo. Houve informações cor tantes a respeito de quais ocupantes dos automó estavam usando cintos de segurança ou cadeirin para crianças, mas o relatório indicou que Will estava usando um cinto para colo e ombro.

O Departamento de Polícia de Bellefont também esteve presente no local do acidente.

ACIMA ▲
Eu me lembro de ter visto esta notícia em um computador da UTI, algumas semanas após o acidente. Era surreal ler o nome de Alex impresso enquanto ele estava em coma, a poucos passos de mim, lutando pela sua vida.

ABAIXO ▼

Um dos piores momentos de minha vida foi quando entrei nesta ambulância enquanto Alex estava decolando no helicóptero. Eu não conseguia crer que tinha que me separar de meu filho ferido.

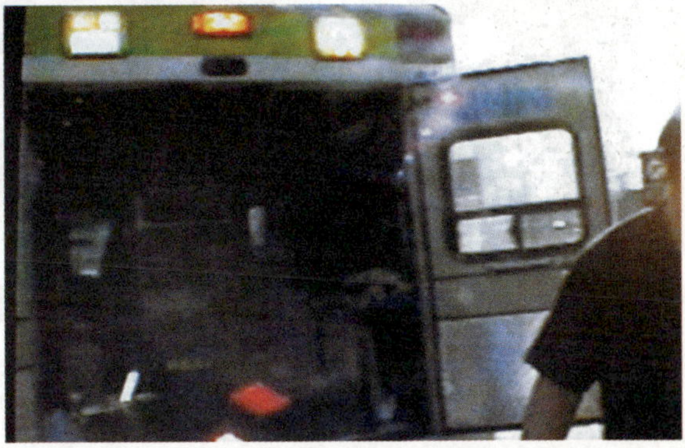

CIMA ▲

Não sabemos se esta foto mostra o mesmo :licóptero usado para salvar Alex, mas o que realmente bemos é que a equipe do voo de resgate ajudou a 'var a vida de nosso filho com cuidados surpreenden-s e orações sinceras.

No local do acidente

Esta fotografia mostra a ilusão mortal desta estrada — ela parecia completamente aberta, mas um declive escondido ocultou o carro que se aproximava. Eu não vi o carro.

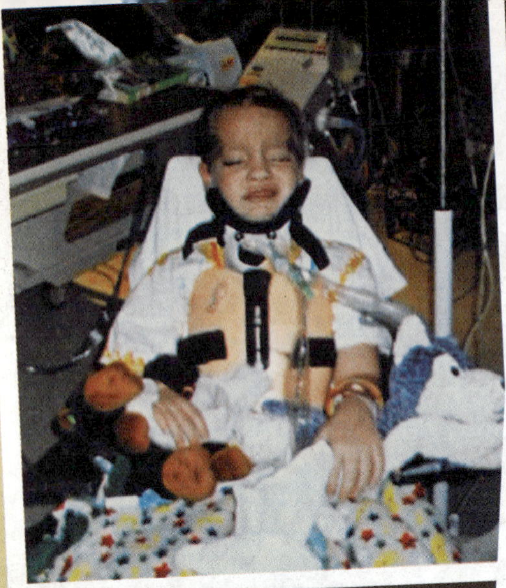

ABAIXO

Natal de 2004 — a nossa família estava reunida, pela primeira vez, depois de quase seis semanas. Embora não soubéssemos o que aconteceria com Alex, estávamos tão agradecidos porque ele ainda estava conosco, que não podíamos evitar a alegria.

ACIMA ▲

Alex, ainda em coma, sentado em sua cadeira de rodas, usando um suporte para as costas. (Você pode ver "Doggie", o bicho de pelúcia favorito de Alex, sentado no seu colo. Doggie esteve presente em várias cirurgias com Alex, e também esteve com ele na ambulância.)

Recuperação

DIREI

A placa do nosso carro fala por si. Al acredita que irá andar outra vez — e também acredito. "ANDAR.

ABAIX

Este é o quadro descrito no capítu 6. Uma amiga teve uma visão de três anj pairando sobre Alex. Semanas mais tar descobrimos que outra mulher (que n conhecia a primeira) havia pintado e quadro, na mesma ocasiã

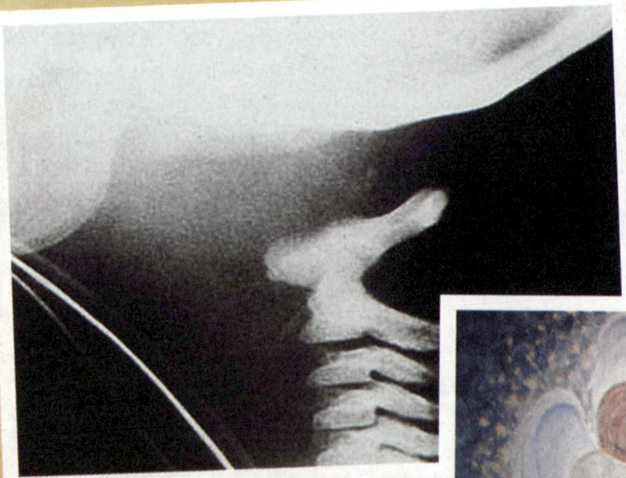

ACIMA ▲

Eu fiquei espantado quando vi esta imagem. Por quê? Leia toda a história no capítulo 3.

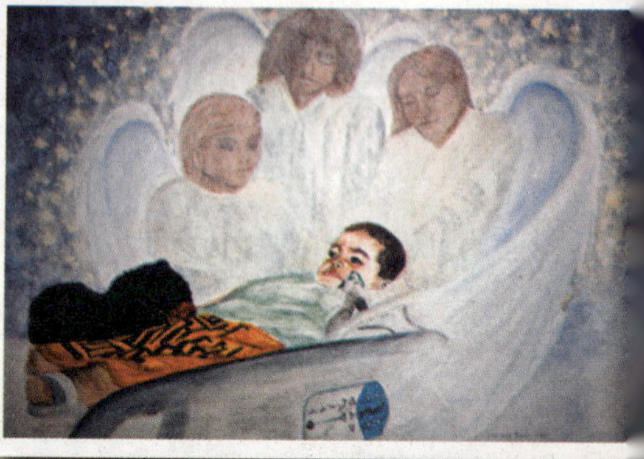

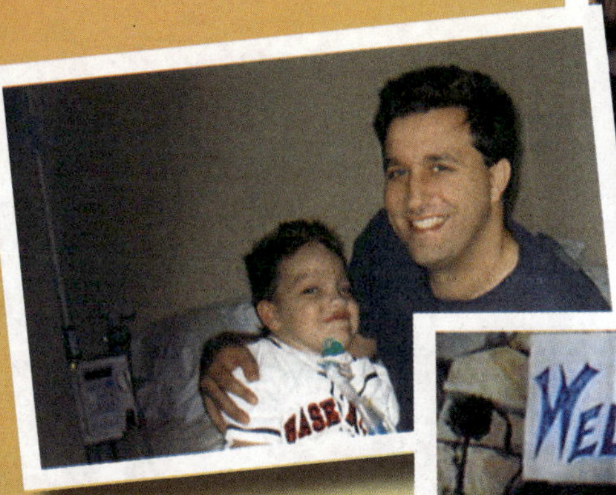

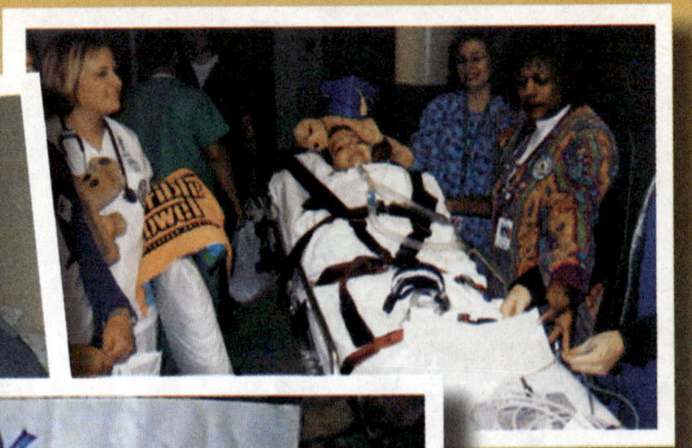

ESQUERDA ◀
Amigos nos surpreenderam, decorando a nossa casa com cartazes de boas-vindas para a chegada de Alex. Ele chegou alegre, com uma enfermeira, um terapeuta de respiração, dois técnicos em procedimentos de emergência, e pais nervosos... mas voltaria ao hospital poucos dias depois.

ACIMA ▲
Ainda me vêm lágrimas aos olhos, quando vejo esta fotografia. Esta foi a primeira vez em que, finalmente, pude segurar Alex em meus braços outra vez. Um dia muito, muito feliz.

A volta para casa

DIREITA
Alex sendo erguido para a sua cadeira de rodas, que ele pode operar sozinho, movendo o queixo.

Para manter seu corpo em movimento, Alex anda em seu elevador Hoyer, em sua esteira, e até mesmo nada. Ele é muito corajoso.

A nossa nova vida normal

Seja para passar a noite no ginásio da igreja ou para um jog de futebol com o nosso herói, o técnico Jim Tressel, são necessá rios muitos voluntários, muitos veículos e muitas horas para leva Alex a qualquer lugar — mas temos a certeza de que vale a pena

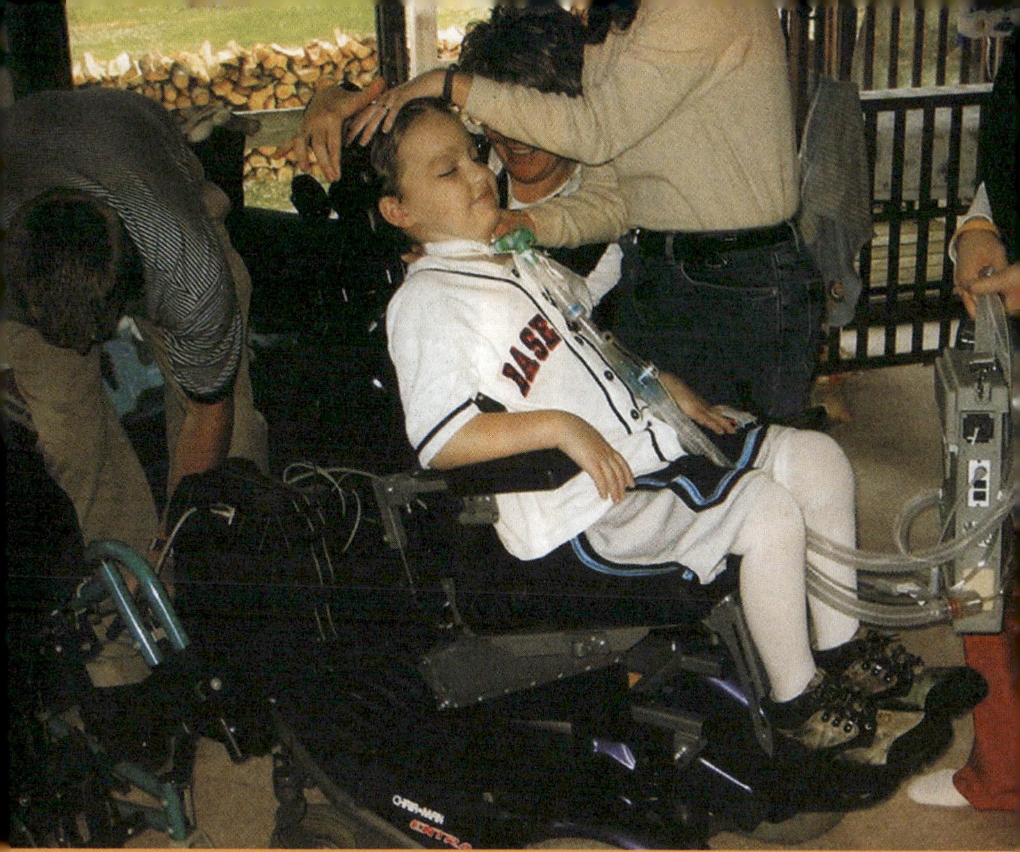

Fazendo história

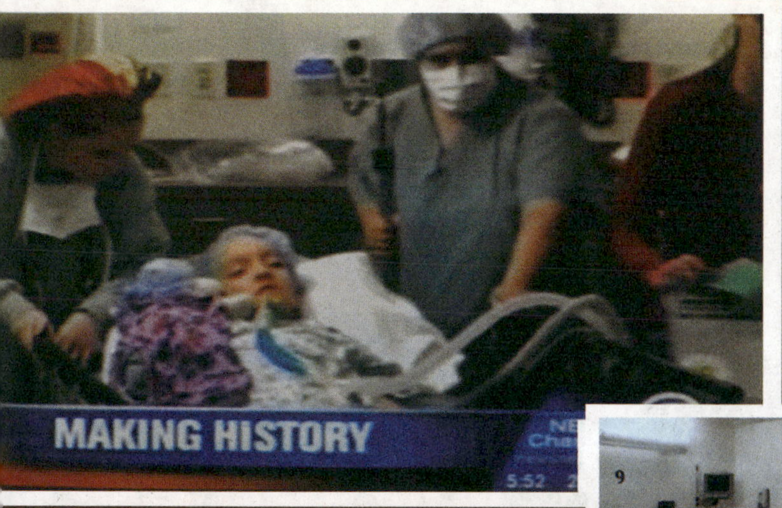

▼ABAIXO
O mundialmente famoso cirurgião Dr. Raymond Onders realizou o procedimento pioneiro. Ele tratou Alex com incrível dedicação pessoal, e continua sendo um amigo de nossa família.

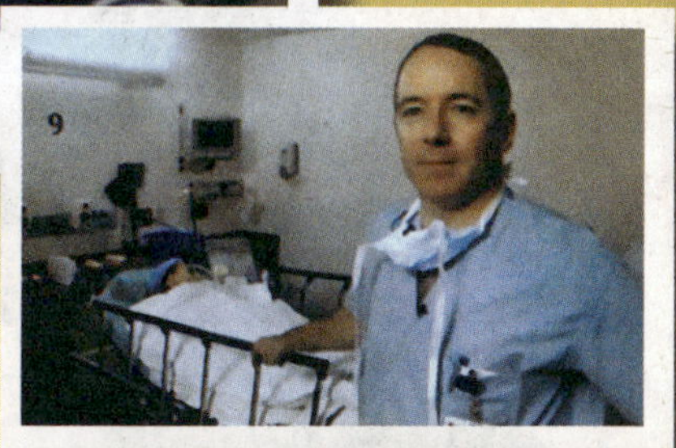

ACIMA ▲
Em 2009, Alex se tornou notícia internacional, como a primeira criança a passar pela mesma cirurgia que o ator Christopher Reeve tornou famosa.

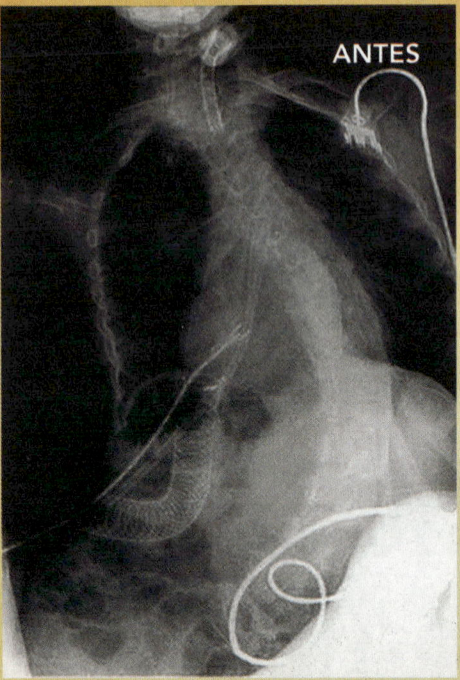

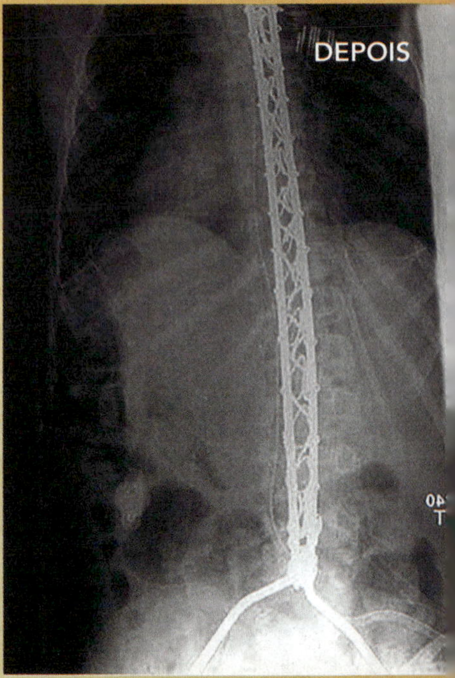

Seguindo em frente

ACIMA ▲
Estas radiografias de "antes e depois" são de outra cirurgia que Alex fez, em 2009. Este procedimento endireitou a sua coluna, que estava curvada a um ângulo de 89 graus.

ABAIXO ▼
Para Beth e para mim, os nossos filhos – Aaron, Alex, Gracie e Ryan – são a alegria de nossas vidas. Talvez esta não seja a fotografia tradicional de nossa família, mas está cheia de felicidade e amor. Por favor, não lamente por nós... porque nós não lamentamos.

com os assistentes de reabilitação, o que faria toda a diferença. Eu achava que sabia quanta força e determinação havia em meu filho, e novamente, estava certo de que a reabilitação seria um grande sucesso. Os médicos agora estavam no comando, mas nós considerávamos o Grande Médico como aquele com o prognóstico definitivo.

O Exército de Alex se alegrou conosco quando contamos todos estes acontecimentos à nossa comunidade, em PrayforAlex.com E o Exército continuou orando.

Um Tapa Feliz

Mesmo com os emocionantes sinais de que Alex estava voltando, ele ainda estava em um denso nevoeiro. Alguns dias, parecia que ele estava vindo com força total, outros dias nos faziam sentir que havíamos perdido terreno. Nós tentávamos absolutamente tudo em que conseguíamos pensar para fazer brilhar a nossa luz através desse nevoeiro, e guiá-lo para casa. Cada pessoa que entrava no quarto tinha o seu próprio jeito para despertar a consciência de Alex. As pessoas contavam piadas, faziam caretas, faziam ruídos com o corpo (reais e simulados) e até mesmo faziam cócegas em um corpo que nós tínhamos certeza de que não sentia nada.

Onde está você, Alex? Nós orávamos, nós falávamos de maneira positiva, e nós realmente acreditávamos... na maior parte do tempo. Quando surgiam os meus momentos de dúvidas, eu os escondia cuidadosamente. Ninguém poderia realmente avaliar o impacto dos graves danos ao seu cérebro e à sua coluna. As funções mentais, físicas e emocionais poderiam estar intactas — falando em termos médicos — ou destruídas para sempre. Nós simplesmente não podíamos saber.

Quando pensava sobre o assunto, o temor se apoderava de mim. A questão não era a paralisia ou a sua respiração por uma máquina artificial. Eu podia lidar com isso. O que me aterrorizava era a ideia de nunca ter o meu filho de volta. Tive momentos em que teria concordado em pagar qualquer preço imaginável, apenas para falar com o meu Alex. Assim, eu mantinha as minhas conversas unilaterais, como se estivéssemos batendo um papo outra vez. Todos os outros faziam caretas, dançavam, e tentavam qualquer estratégia louca para tirá-lo da névoa. A esta altura, nada parecia estranho naquele quarto, as pessoas haviam tentado tudo, exceto ficar de cabeça para baixo.

Talvez os irmãos com idades próximas sejam aqueles que sabem como fazer rir, uns aos outros. Foi Aaron que finalmente fez a coisa acontecer.

Aaron veio com a sua própria ideia de como chamar a atenção de Alex. Aaron colocou seu rosto perto do de Alex, e então deu ao seu próprio rosto um grande *paf!* Aaron deu vários tapas ao seu próprio rosto. Algo funcionou na esquisitice de Aaron, e depois de mais alguns beijos, um sorriso genuíno apareceu no rosto de Alex. Eu nunca havia visto nada tão bonito, ainda que fosse necessário que Aaron se esbofeteasse para produzir essa reação. Aaron continuava batendo em seu próprio rosto, e o sorriso de Alex aumentava. Não era um reflexo muscular — era um *sorriso.* Todos os presentes puderam vê-lo, e todo o quarto soltou um espontâneo grito de vitória. Aaron ficou muito feliz com o seu sucesso e redobrou os seus esforços, esbofeteando-se de maneira ainda mais forte. Então interferi, e impedi que Aaron causasse mais danos ao seu encantador rosto. Ele fez um excelente trabalho, e já era hora de dar ao seu rosto uma folga!

A partir de então, Alex nunca mais desapareceu completamente de volta à névoa. Ele tinha uma consciência do quarto e das pessoas presentes, e ele sabia claramente quando estávamos falando com ele.

Eu escrevi um poema na época, para expressar o poder de Deus que nós sentíamos que estava trabalhando em Alex:

Alex não consegue andar
Jesus andou sobre as águas

Alex não consegue falar
Deus falou e o universo passou a existir

Alex não consegue respirar
O Espírito Santo é o sopro de vida

Portanto...

Eu não vou olhar para o mundo
Mas para a PALAVRA

Eu não vou olhar para o meu filho
Mas para o meu PAI

Eu não vou olhar com os meus olhos
Mas com o meu CORAÇÃO

Eu não serei uma vítima
da prisão das circunstâncias

Eu vou adorar ao meu Deus
e permanecer na sua esperança

Que assim seja...

Começando a Trabalhar

Agora os terapeutas da reabilitação tinham algo com que trabalhar, e começaram a interagir com Alex de várias maneiras.

"Alex", perguntou a terapeuta da fala, "você pode me dizer quantos anos você tem?"

Todos observávamos com grande ansiedade, mas eu tinha um nível extra de intensidade, esperando pela sua resposta. A esta altura, a minha única obsessão era pedir que Alex me perdoasse. O momento que eu desejava, acima de qualquer outro, estava próximo. Mas os sorrisos começaram a desaparecer, quando nós olhávamos de Alex para a terapeuta. Alex apenas olhava à frente.

"Alex", continuou a terapeuta, "você sabe quantos anos você tem? Quantos anos você tem?"

Alex não respondeu. Quanto mais a terapeuta perguntava, uma expressão mais confusa se desenhava em sua sobrancelha. Os meus olhos dançavam entre Alex e a terapeuta. O que isto significava? Discretamente, nós nos reunimos fora do quarto, e a terapeuta ofereceu a sua opinião.

"Queremos ser cuidadosos com declarações em casos como esses, mas também desejamos ser realistas a respeito de como estão as coisas. A realidade desta situação pode ser não apenas o fato de que Alex não respondeu — porque ele não sabia a resposta — mas que ele *não consegue* responder".

Não consegue responder? Gritou a minha mente aterrorizada. *Não!* Até então, nunca houvera uma dúvida sequer em meu coração, de que Alex voltaria e seria o nosso Alex. Eu nunca havia imaginado a ideia, nem por um momento, de que ele pudesse ter sofrido graves danos cerebrais. É claro que Alex voltaria, e nós teríamos aquela conversa em que eu havia agonizado mil vezes — a única pergunta que eu desejava tão desesperadamente fazer: "Alex, por favor, você me perdoa?"

Pela primeira vez, estive, cara a cara, com a possibilidade de que eu poderia nunca ter a chance de receber o seu perdão — que Alex poderia ter escapado de nós para sempre. Cambaleante com esta nova possibilidade, meu corpo se afundou na cadeira, visivelmente derrotado. Mas a cadeira não interrompeu a descida da minha mente a um abismo negro — o meu ponto mais baixo, desde o princípio do pesadelo.

Foi neste dia, entre todos os que se seguiram ao acidente, em que eu capitulei aos meus mais profundos temores. Aceitei o aparente fracasso do momento e permiti que ele definisse o futuro. Ao agir assim, me senti destruído. Com esta última informação da terapeuta, tudo havia assumido uma tonalidade mais sombria. Chorei tanto nesse dia quanto havia chorado no dia do acidente. Alex não podia se mover, não podia respirar sozinho, não podia falar e não podia engolir. Se ele não pudesse pensar nem entender, então, em que *sentido* ele seria realmente Alex?

Para onde havia ido a minha fé? Por que eu adotei a dúvida, depois de tantas vitórias? Creio que sou muito parecido com Pedro, quando Jesus lhe disse que saísse do barco e andasse sobre as águas, confiante em Jesus em um momento, e concentrado nas ondas — e afundando — no momento seguinte. Mas embora eu estivesse dando ao Desespero Gigantesco um temporário passe livre em minha mente, ninguém estava desistindo, e muito menos eu.

Os terapeutas eram maravilhosos, e persistiam, apesar desses contratempos. A terapeuta da fala era particularmente tenaz e me deu muito encorajamento. Pouco tempo depois das notícias negativas, ela ajudou Alex a desenvolver três movimentos faciais que nos deram verdadeira esperança. Ele podia mover o canto da boca, do lado direito do seu rosto. Nós pudemos estabelecer com ele que esta expressão significava a palavra *sim.* Os lábios franzidos, nós combinamos com Alex, queriam dizer a palavra *não.* No entanto, a expressão favorita de Alex era girar os olhos, o que podia assumir uma variedade de significados, dependendo do contexto. Por exemplo:

Eu não sei.

As suas perguntas estão me incomodando.

O meu pai é um chato.

E praticamente qualquer coisa do grande campo de possibilidades entre "sim" e "não".

A Motivação do Espelho

O cabelo de Alex crescia no mesmo ritmo que a duração da sua permanência no hospital, e um amigo nosso veio para cortar o seu cabelo.

+++ Alex continua a se tornar cada vez mais consciente. Cada um de seus terapeutas está observando o seu progresso diário. Hoje, ele desenhou um guarda-chuva (com ajuda), e está movendo os olhos diante dos cartões "sim" e "não" como uma base para a sua capacidade de comunicação. Beth está aprendendo a lidar com ele, limpar o seu tubo G, e trabalhar no respirador. O meu treinamento começa às 9 horas da manhã da quinta-feira...

Nós acreditamos, agora, que Alex pode lidar com quem quiser vir ao seu quarto, portanto sinta-se à vontade para visitá-lo. Nós apenas tentamos não reunir muitas pessoas no quarto ao mesmo tempo, para que ele não se sinta pressionado. Por favor, lembre-se de que são permitidas as visitas de crianças.

Nosso pastor nos contou que a eletricidade voltou e que o vazamento em nosso telhado parece razoavelmente bem consertado. Eu vou para casa à noite para me certificar de que está tudo pronto para o retorno da nossa família. Beth se preocupa com a estabilidade do nosso telhado. Por favor, ore por uma decisão sábia e pela segurança da nossa família, quando tentarmos voltar para casa.

Deixar o quarto de Alex é muito difícil quando ele está acordado, porque ele entende claramente que o estamos deixando... Alex, Beth, e eu choramos esta noite, quando tentamos aprender a ajudar Alex a se sentir tranquilo a respeito da situação. Apesar disto, que bênção é o fato de que ele está aprendendo, processando e sentindo outra vez.

Obrigado, Deus, pela tua maravilhosa cura do nosso filho.

PrayforAlex.com, postado por Kevin Malarkey,
em 12 de janeiro, 2005 +++

Com este simples procedimento, nós aprendemos uma coisa nova sobre Alex. Enquanto o barbeiro trabalhava, nós percebemos, repentinamente, que Alex viu a sua imagem no espelho. Esta era a primeira vez que ele se via, depois de ter retornado à consciência. Alex imediatamente começou a tentar fazer com que os seus músculos faciais fizessem o que a sua mente desejava.

Alex olhou fixamente ao espelho, batalhando com os músculos relutantes, distorcendo o seu rosto e os olhos queimando de determinação. Eu observava em silêncio, mas em meu coração, eu estava torcendo por esta imensa luta, gritando com toda a força dos meus pulmões, *Vamos, Alex! Vamos, Alex!*

Este era o Alex que eu conhecia, o lutador, a criança mostrando a iniciativa para tomar as ferramentas que tinha, e aperfeiçoar o uso delas. Ele estava lutando por tudo o que ele era, com tudo o que ele tinha. Ele não estava apenas deitado ali, desistindo por causa dos obstáculos que enfrentava. Ele estava sendo proativo, recusando-se a desistir. Eu podia estar silenciosamente segurando um espelho, sentado à beira da sua cama, mas no fundo eu estava cumprimentando todo mundo no estádio: *Você viu aquela jogada? Aquele é o meu filho, Alex, ele é um vencedor!*

Durante duas horas, segurei o espelho, enquanto Alex praticava todos os seus movimentos — mover o canto de sua boca, franzir os lábios, e girar os olhos.

Fiquei observando, assombrado com a sua determinação, brilhando de orgulho. Não poderia haver nenhum engano. Alex, o único Alex que nós amamos, estava ali, tentando sair. Cada médico sabe como é imperativa a vontade de lutar. Perca essa vontade, e estará tudo acabado. Várias vezes nós nos havíamos perguntado se Alex possuía essa vontade vital. Agora nós tínhamos a nossa resposta, e ela nos encheu de energia renovada, para conservar os nossos corações e as nossas mentes no jogo.

Antes desse momento, não havia percebido o quanto eu estava abatido. Mas tão logo vi o meu jovem guerreiro lutando, a luta voltou também para mim. Naquele momento incrível, o meu filho se tornou o meu herói e a minha inspiração. Eu era, e sou, o seu pai e mentor, mas naquele instante o nosso relacionamento mudou para sempre. Foi então que tive a primeira suspeita de que Alex tinha muito a me ensinar sobre coragem, determinação, e espírito de luta.

Semana após semana, crescia o domínio de Alex de seus músculos faciais. Um dos seus primeiros exercícios foi soprar por um canudo. A terapeuta prendia o canudo a um aparelho que movia uma pequena bola por uma distância de doze polegadas através de um tubo, derrubando-o no chão. Para ajudar a motivar Alex a se esforçar, nós colocamos uma pequena xícara de água no topo do aparato, e então pedíamos que "voluntários" mantivessem suas cabeças suficientemente próximas de modo que quando Alex soprasse com suficiente força, para derrubar a xícara, o voluntário se molhava. Assistir o que acontecia era todo o incentivo de que Alex precisava. Logo ele estava soprando aquele canudo com todas as suas forças.

Alex não permaneceu satisfeito com esse progresso por muito tempo. Ele não se contentou em limitar a sua habilidade de se comunicar às expressões faciais. Agora que esta batalha havia sido vencida, a batalha para fazer com que a sua boca produzisse palavras estava apenas começando. As pessoas que sofrem graves danos cerebrais frequentemente precisam aprender a falar de novo. Alex estava à altura do desafio.

Começando com alguma coisa em sua garganta, cada som percorria o tortuoso caminho pela sua língua, e para fora da sua boca. No início, eram ruídos, distorcidos, mas muito cuidadosos. Ele trabalhava os sons na garganta e na boca, o melhor que podia, e nós passávamos os cinco ou dez minutos seguintes tentando decifrar o seu significado. Alex, então, dava o sinal de *não*, até que nós acertássemos. Nós éramos como linguistas estabelecendo a base para a comunicação em um idioma desconhecido. Era como explorar uma mina, em busca de pedras preciosas, e nós nos alegrávamos com cada palavra.

+++ Alex continua a trabalhar duro na sua terapia. A terapeuta de fala está trabalhando para fortalecer os músculos do rosto, fazer Alex se comunicar com os olhos, usando cartões e objetos... Ele continua a emitir palavras, mas é difícil entendê-las. Alex consegue aumentar um pouco o volume quando a terapeuta de fala lhe pede. Com toda a honestidade, nós três que estávamos presentes no quarto pensamos que a palavra que ele estava tentando dizer era *Jesus.*

Ontem tive dificuldades, quando senti emoções conflitantes ao observá-lo. Tudo o que ele está fazendo é, literalmente, um milagre. Ele está muito mais consciente, e está se esforçando muito. Ao mesmo tempo, é difícil acreditar que o meu brilhante menino está lutando tanto para produzir um som. Chorei em algumas ocasiões, ao ver a sua dor e frustração. Estranhamente, como é frequentemente na vida, o progresso leva a um nível mais difícil e intenso de luta.

PrayforAlex.com postado por Kevin Malarkey,
em 15 de janeiro, 2005 +++

Como acontece com qualquer coisa que vale a pena, o verdadeiro trabalho começou depois que a diversão da nova empreitada se esgotou. Quando Alex tentava formar palavras, nós ficávamos, ao mesmo tempo, emocionados e frustrados. Nós queríamos muito ter uma conversa normal, e ele estava trabalhando incansavelmente para que isso acontecesse. Nós simplesmente tínhamos que esperar ao seu lado até entender o que ele estava tentando dizer. Isso podia ser frustrante também para ele, mas Alex tinha uma paciência e determinação quase milagrosas. Até mesmo um menino de seis anos tem pensamentos complexos, sentimentos e reações a transmitir, e nós nos perguntávamos o que havia dentro dele que pudesse ser mais profundo que um simples sim ou não.

Todos nós precisávamos de perseverança. No meio deste esforço, Beth teve uma ideia brilhante que eu, o psicoterapeuta da casa, só pude admirar. Ela proclamou uma regra proibindo que Alex tentasse se comunicar a respeito de alguma coisa que ele *não conseguia* fazer. Nós acompanhávamos e tentávamos entender o que ele estava dizendo, mas se percebêssemos que ele estava falando sobre uma incapacidade, nós parávamos e pedíamos que ele mencionasse três capacidades. Era uma página extraída diretamente da filosofia do meu pai, e ela definia o tom para o tipo da atitude emocional positiva que Alex já tinha, mas precisava vitalmente conservar.

Durante muitos meses Alex não parecera perceber ou se interessar se estávamos ou não presentes. Agora, quando deixávamos o quarto, ele ficava visivelmente aborrecido e tinha um arsenal de expressões de protesto à sua disposição. Todos nós precisamos que precisem de nós. Talvez seja por isso que eu adorava que Alex se aborrecesse quando nós saíamos do quarto. Depois de não saber se ele voltaria, era consolador o fato de que, quando ele voltou, precisava de mim.

Anjos na Reabilitação

Que feliz progresso foi quando Alex saiu do coma, quando ele voltou para nós — uma resposta direta às orações de milhares de pessoas, uma bênção direta a seu pai e a sua mãe. Eu ainda estava comemorando esta ocasião tão grandiosa, cerca de duas semanas mais tarde, quando fui visitá-lo certa noite. Quando cheguei ao seu quarto, vi que Margaret, uma nova conhecida de uma igreja local, estava ali, tendo se inscrito na tabela de orações.

+++ Alex... demonstrou algumas habilidades que não *dominava* antes de hoje. Ele abriu sua boca quando lhe foi ordenado, ele pôs a língua para fora quando lhe foi pedido, ele usou o queixo para pressionar uma alavanca e realizar uma tarefa. Ele também demonstrou algumas conexões entre as suas cognições, as suas emoções e os seus movimentos físicos.

A ausência da maior parte dessas habilidades foi comentada em uma reunião [ontem]. Parece que quando a equipe médica se reúne e comenta sobre o que Alex não pode fazer, Deus gosta de aparecer no dia seguinte e confundir um pouco as coisas. Eu estava preocupado com o nível de motivação dele, e agora ele nos mostrou que pode estar altamente motivado (Alex usou o queixo para mover uma alavanca, que moveu um brinquedo, por pelo menos dez minutos). Eu o observei lutar para usar os músculos do lado direito do seu rosto, e ele os usou perfeitamente, quando fez o seu "rosto sorridente" por pelo menos cinco a dez minutos. Agora, ele demonstrava uma ampla variedade de emoções.

Deus está despertando o nosso filho cada vez mais, a cada dia, e Alex está respondendo como um guerreiro (Davi). Ele tem sido forte e corajoso como Josué. Acima de tudo, no entanto, ele foi abençoado, por um Deus amoroso. Nós ainda esperamos que Deus sopre de novo em Alex para que ele possa se livrar do respirador. Ainda creio que isso acontecerá, muito em breve.

Agradeço pelas suas orações. Por favor, continue a orar por nós, para que possamos honrar a Deus e viver em conformidade com o seu caráter.

PrayforAlex.com, postagem de Kevin Malarkey
em 20 de janeiro, 2005 +++

Talvez ele estivesse cansado, talvez desencorajado — qualquer que fosse a razão, Alex não quis responder a ladainha de perguntas sim/não que havia se tornado o centro da nossa interação naquelas duas semanas, desde que ele havia recuperado a consciência. Margaret e eu começamos a conversar sobre vários aspectos da nova realidade, Alex consciente e interagindo conosco. Eram dias muito emocionantes, cheios de novas esperanças.

Margaret estava falando quando, de repente, a expressão no rosto de Alex mudou drasticamente. A sua boca se abriu, mais do que eu já havia visto, e ficou aberta, algo que nunca havia acontecido antes. No princípio, Alex olhou diretamente para o teto de seu quarto, mas, então, os seus olhos começaram a passear pelo quarto. Ele não olhou de novo, nem para Margaret nem para mim, o que era muito incomum. Quando eu entrava no quarto, os seus olhos normalmente se fixavam diretamente em mim, 90% do tempo. Esta noite foi diferente. Durante as duas horas seguintes, Alex olhou para mim apenas cerca de 20% do tempo. Alguma coisa estranha estava acontecendo.

Comecei a fazer a Alex uma série de perguntas, tentando, desesperadamente entender o que estava acontecendo. Foi exaustivo —fiz todas as perguntas que pude imaginar — pelo menos umas cem perguntas. Quando eu não conseguia pensar em nada mais para perguntar, então entendi: talvez nós não estivéssemos sozinhos. Afinal, os anjos o haviam visitado antes, quando o pescoço de Alex foi curado.

"Alex, há anjos no quarto conosco? Mostre-me com os seus olhos".

Um sorriso ainda maior se abriu em seu rosto, quando ele olhou para Margaret. Quando ele abriu o grande sorriso, eu sabia que a resposta à minha pergunta era 'sim', mas quando ele olhou para Margaret, fiquei um pouco confuso.

"Margaret é um anjo?"

Alex franziu os lábios, para indicar 'não'.

"Está bem, Alex, o anjo está *atrás* de Margaret?"

Alex torceu o canto de sua boca, para dizer 'sim'.

A princípio, Alex indicou que havia muitos anjos na sala, mas então muitos deles partiram, até que apenas três permaneceram. Para descobrir quantos anjos estavam presentes, eu sugeri números, até obter um sim. Então as coisas mudaram novamente. Parecia que Alex estava tentando falar. Nós observamos, atentamente, enquanto Alex lutava para formar uma palavra. Depois de um imenso esforço, que convocou visivelmente cada fibra da sua vontade, Alex disse: "Mamãe!" Então, como para garantir que a palavra não fugisse, ele começou a repeti-la. O meu coração não pôde conter a alegria daquele momento de triunfo. Eu havia chorado muito até este ponto, mas gostei muito mais dessas lágrimas.

+++ Eu disse a Kevin que se eu não tivesse estado ali, mas tivesse apenas lido a postagem, provavelmente teria duvidado do que havia acontecido — não da honestidade de Kevin, mas talvez ele fosse esperançoso demais. Por favor, quando você ler isso, entenda que sou alguém que precisa que as coisas lhe sejam provadas. Provavelmente eu teria ficado atrás de Tomé, esperando que chegasse a minha vez de tocar a mão de Jesus, perfurada por um prego.

Sou cristã há trinta e dois anos, e nunca havia sentido o que senti naquela noite. Durante os primeiros quarenta e cinco minutos em que Kevin esteve ali, ele teve a atenção total de Alex — o que eu entendo ser normal. Depois que Alex começou a abrir a sua boca e olhar ao redor, ele só se concentrava em seu pai quando nós lhe fazíamos perguntas. Tudo o que você leu nas mensagens dos anjos aconteceu, mas eu gostaria que todos os que estiverem lendo isso pudessem ter visto o rosto de Alex. Ele estava verdadeiramente radiante.

Margaret Mokry +++

Espere até eu contar a Beth, pensei. Então Alex moveu a boca para dizer outra palavra. Agora, ele estava tentando dizer "Dad", ["Papai" em inglês], mas a letra "d" exige da língua uma manobra oral que ainda era difícil demais para ele. Mas mesmo assim, foi um grande triunfo. Alex brilhou quando falou sobre os anjos, as suas respostas 'sim' eram indicadas por grandes sorrisos, em lugar de mover o canto da boca, como ele normalmente fazia.

Alex dizendo a sua primeira palavra — foi por isso que os anjos vieram? Eu creio que sim. Parece estranho? Se você tiver dificuldade para ler e crer, deve tentar datilografar ou digitar isto. Imagine como estou me sentindo. Venho de um contexto evangélico conservador. Estes eventos não fazem parte da minha experiência nem dos meus antecedentes, mas não posso negar ou ignorar que eles tenham ocorrido.

Nunca vi um anjo, mas sem a menor dúvida ou hesitação, eu tenho certeza de que vi o meu filho interagindo com eles. Margaret tem a mesma certeza. Pode parecer loucura, mas realmente aconteceu. Deixarei as explicações para os teólogos.

De Alex

Anjos me Ajudando

Nele confiou o meu coração, e fui socorrido;
pelo que o meu coração salta de prazer, e com o meu canto o louvarei.
SALMOS 28.7

Eu vi muitos anjos no Céu, mas então eu não estava no meu corpo.

Depois de dois meses, eu finalmente saí do coma, mas eu não podia falar. Eu sabia o que queria dizer, mas não conseguia dizer. Foi realmente difícil.

Eu podia franzir os lábios para dizer 'não', e mover o canto da boca, para dizer 'sim'. Eu também podia girar os olhos, o que queria dizer "eu não sei". Mas isso era tudo o que eu podia fazer.

Certa noite, aproximadamente duas semanas depois que eu saí do coma, papai e outra amiga, chamada Margaret, estavam comigo. Eu estava cansado, e não estava com vontade de tentar responder perguntas, e por isto papai e Margaret estavam apenas conversando.

Então, alguma coisa aconteceu. Eu vi anjos no meu quarto. Eles estavam por toda parte. Isso me fez dar um sorriso realmente grande. Eu nunca mantinha a boca aberta por muito tempo, mas agora eu simplesmente não conseguia fechá-la.

Eu estava muito feliz, porque os anjos vieram, mas havia muitos, e por isso eu também estava um pouco assustado. Papai nunca me havia visto sorrir daquela maneira, e ele tentava entender o que eu estava fazendo.

Papai começou a me fazer muitas perguntas, tentando entender. Demorou muito tempo, mas finalmente, papai disse: "Alex você está vendo anjos?" Eu sorri ainda mais, e então papai e Margaret souberam que havia anjos no meu quarto.

Eu não conseguia parar de olhar para eles. Então os anjos começaram a me ajudar.

Alguns dos anjos colocaram suas mãos sobre o meu peito, e me ajudaram a respirar. Outros anjos começaram a me ajudar a falar. Eu comecei a tentar formar palavras com a minha boca, e, de repente, eu disse: "mamãe". Quando a palavra saiu, eu fiquei muito feliz, e a repeti muitas vezes. Então eu tentei formar a palavra *papai*, mas não consegui fazer a palavra sair.

Os anjos podiam me ouvir falar, e eles falavam comigo, e me encorajavam.

CAPÍTULO 7

DE VOLTA PARA CASA

"Você acha que eu deveria virar o carro e levar a ambulância de volta para o lugar de onde viemos? Será que estamos cometendo um grande engano?"

Fazia vários meses que o Hospital Infantil de Columbus havia se tornado a nossa casa longe de casa. O ministério do povo de Deus havia impedido que as nossas vidas saíssem dos eixos completamente, e nós estávamos profundamente agradecidos. Mas a esta altura, a nossa casa era onde precisávamos estar. A possibilidade de levar Alex de volta exigia três coisas. Ele tinha que estar estável e forte; Beth e eu tínhamos que estar preparados (com conhecimentos suficientes) para cuidar dele; e a nossa casa tinha que estar preparada para nos abrigar.

Eu continuava a acreditar que Alex respiraria sozinho antes de deixar o hospital. Isso não aconteceu. Um novo tubo na traqueia diminuía o desconforto que Alex estava sentindo com o equipamento de respiração, mas ele realmente queria se ver livre dele. Ele também estava ficando rígido, e precisava se alongar para manter o seu corpo flexível.

Apesar de tudo, Alex não perdeu nunca o seu senso de humor, que havia trazido consigo ao sair do coma. Ele apelidou, como brincadeira, uma de suas assistentes, de "Jane, a dor".

Os anjos, ele nos garantiu, continuavam a ir e vir. Quando o pastor estava ali orando, por exemplo, havia quatro anjos presentes, embora somente Alex pudesse vê-los ou ouvi-los. (A quilômetros de distância, nós tínhamos oito anjos nossos sobre o telhado de nossa casa, mas eles eram do tipo visível e ruidoso. Nós estávamos gratos pela sua "cirurgia" na nossa casa doente.)

Depois de meses vivendo a metade de nossas vidas no hospital, e tentando fazer todo o resto em um universo paralelo, Beth e eu estávamos desgastados, e o nosso relacionamento enfrentava algumas dificuldades. Houve ocasiões em eu que gostaria de remover palavras ásperas e más atitudes, e sei que Beth sentia a mesma coisa. A verdade é que às vezes nós exibíamos o lado mais feio de nós, um ao outro, frequentemente ao alcance dos ouvidos de outras pessoas. Nós não nos orgulhamos do nosso comportamento, mas um exame honesto dessa época não deve encobrir o trauma que o nosso casamento suportava, em meio a todo o resto. Havia exigências demais: cuidar de Alex, dar amor e cuidar das necessidades físicas de três outros filhos, consertar a nossa casa, retomar o meu trabalho — nós sabíamos que não poderíamos manter essa programação para sempre. Várias vezes nós nos comprometemos a apoiar um ao outro, e a nos apoiar, um no outro, a dormir o suficiente, e a confiar nas orações de muitas pessoas que nos ajudavam.

Estressados mas Abençoados

Nos últimos dias no Hospital Infantil, as tensões se acumularam. Nós não conseguíamos dormir. Nós tivemos um curso relâmpago sobre os cuidados com o nosso filho, um tetraplégico em um respirador, e nos sentíamos despreparados para o desafio. Essas horas de desespero nos levaram a uma situação limite e, novamente, nós não conseguimos viver de acordo com o nosso ideal de como deve ser um casamento cristão. Não que estejamos apresentando desculpas e justificativas para o nosso pecado, mas, examinando o assunto retrospectivamente, creio que assumimos responsabilidades demais, cedo demais.

+++ Havia noites e semanas e dias em que o meu corpo ficava tão exausto que eu não sabia como poderia me mover ou respirar. Eu havia sofrido ataques ao meu caráter, à minha espiritualidade e ao meu relacionamento com Jesus. Nada foi poupado para tentar me deter. O aspecto positivo é que Deus não apenas me deu um coração misericordioso de modo que eu sofra quando outras pessoas sofrem, mas Ele também me deu teimosia e obstinação — de uma boa maneira. Ele sabe que não vou parar.

Digo às pessoas: "Gostaria de receber o crédito por isso, mas não posso". Eu só consigo explicar isso pensando nEle. Reconheço a sua força sobrenatural, a sua sabedoria, conhecimento e entendimento, todo o tempo. Aprendi a confiar no Salvador.

Beth Malarkey, mãe de Alex +++

Os nossos correspondentes pela internet pensavam que nós havíamos desaparecido da face de terra. Quando íamos para casa, nós caíamos na cama, somente para nos levantar e seguir à próxima tarefa de prioridade máxima, depois de algumas poucas preciosas horas de sono. Beth estava se sentindo completamente sobrecarregada, e eu me sentia impotente ao tentar ajudá-la e encorajá-la — as minhas mãos também estavam cheias, ao mesmo tempo. Também me preocupava com a falta de acompanhamento suficiente aos meus três outros filhos, porque simplesmente não havia horas suficientes no dia para cuidar de todas as minhas responsabilidades.

Naqueles últimos dias no hospital, Alex estava aprendendo a trabalhar sozinho com computadores, e não era de admirar que ele estivesse muito entusiasmado com a oportunidade. Ele chamava o computador de Alex, e o operava com uma chave no rosto. Ele também podia usar músculos faciais para pilotar uma cadeira de rodas motorizada pelo hospital. Logo tivemos notícias de que ele estava descarregando sua vingança sobre Jane, a Dor e outras pessoas, perseguindo-as pelos corredores.

A sua atitude continuava a surpreender a todos. Ele pensava que a sua tomografia era diversão. Nosso filho fazia com que as enfermeiras o levassem até o laboratório de radiografias e convencia os técnicos a fazer radiografias de dois de seus bichos de pelúcia. Ele exibia uma atitude entusiasmada a respeito da cadeira de rodas e qualquer outro desafio introduzido em seu mundo. Ele trabalhava incansavelmente para reconquistar a capacidade de falar. Todos os que viam Alex lutando e se esforçando por cada centímetro de terreno se sentiam encorajados, incluindo seus pais.

Durante esse período, no entanto, Alex começou a sentir falta do que havia perdido. Depois de orar, certa noite, ele nos disse que gostaria de poder andar de bicicleta. À medida que os seus membros ficavam mais rígidos, a sua memória ficava mais dócil, trazendo de volta todas as coisas que ele costumava fazer — as árvores em que subia, os jogos que jogava, e a bicicleta em que andava. A sua vida anterior de menino gradualmente entrou em foco, somente para lembrá-lo do que agora estava além das suas possibilidades.

O centro do regime de cuidados que Beth e eu precisávamos dominar era a troca do tubo de traqueotomia de Alex. A princípio, era uma tarefa complexa e assustadora, mas logo nós a estávamos fazendo sem dificuldades.

Sempre que nos encontrávamos sem saber o que fazer, Deus estava ali, para nos mostrar o quadro maior, para nos revelar os seus planos. Ele nos fez sentir, muitas vezes, a demonstração do quanto nos amava, do quanto nos havia abençoado.

Enquanto Alex estava vendo anjos no hospital, nós tínhamos anjos de Deus de um tipo diferente. Oito homens trabalhavam incansavelmente para reconstruir o nosso telhado e deixá-lo melhor do que era quando a árvore o esmagou. Outros voluntários trabalhavam para consertar problemas que nós havíamos descoberto em nossa nova casa desde o acidente. Foi instalado um completo (e muito caro) sistema de filtração de água. Os anjos capatazes de Deus trabalharam incontáveis horas no encanamento, na ventilação e outras funções essenciais na casa.

Um doador pagou mil e quinhentos dólares por um colchão especial de que Alex necessitava. Depois, quando o dono da fábrica de colchões leu sobre a nossa situação na nossa página na internet, telefonou para o doador, conseguiu o endereço e enviou o cheque de volta. Outras pessoas nos deram novos aparelhos domésticos.

Mas isso era apenas a ponta do iceberg. O fato de Deus atender as nossas necessidades estava se tornando algo tão comum que corríamos o risco de tomar como garantido tudo o que Ele estava fazendo, por intermédio do seu povo, para atender as nossas necessidades, e mostrar o amor que podia crescer entre os seus filhos. Como diz a Bíblia: "Nisto todos conhecerão que sois meus discípulos, se vos amardes uns aos outros" (Jo 13.35).

+++

Nós estamos cansados, mas estamos lutando para que os outros possam ver Deus (embora, às vezes, nós não sejamos muito parecidos com discípulos de Cristo)... Deus é a nossa força, mas vocês são as suas mãos e pés.

PrayforAlex.com, postado por Kevin Malarkey, em 10 de dezembro de 2004

O dia em que Alex voltaria para casa se aproximava. A casa estava pronta, mas e nós? Nós certamente não nos sentíamos preparados. Com o bebê Ryan, Beth dirigiu até o hospital para a última reunião com a equipe, em 14 de fevereiro de 2005. Eu acompanhei via teleconferência, porque havia ficado tomando conta de Gracie e Aaron em casa. A esta altura, não havia nada que me preocupasse mais do que o estado de espírito de Beth. Ela estava exausta, e me preocupava porque com a minha impaciência e insensibilidade eu poderia estar aumentando os seus problemas, em lugar de aliviá-los.

A ambulância traria Alex para casa na manhã seguinte. Ele estava tão entusiasmado que quase poderia ter flutuado para casa. Em vez de esperar que os membros da família viessem visitá-lo, ele desejava estar conosco o tempo todo. Quando lembrei Alex de que ele veria sua cadela, Sadie, pela primeira vez em três meses, um grande sorriso se abriu em seu rosto.

Todos estavam extasiados com a volta de Alex, mas apesar de nossa preparação, nós sentíamos que não estávamos nem mesmo perto de estar prontos para a sua vinda.

Beth Ouve Falar do Céu

Com enfermeiras entrando e saindo do quarto, Beth trocou o tubo da traqueia de Alex, com miríades de detalhes girando em sua mente já sobrecarregada. Alex esperou até que Beth tivesse terminado e então indicou que ele queria ficar sozinho com mamãe e o bebê Ryan. A equipe do hospital respeitosamente deixou o quarto. *O que estaria acontecendo na cabeça de Alex?* Beth se perguntou, enquanto se aconchegava a ele. Alex estava no estágio em que podia apenas formar palavras com a sua boca e produzir um frágil sussurro. Beth se inclinou e ouviu. Alex disse: "Eu quero lhe contar sobre o acidente".

"Está bem, querido, o que você deseja me contar?"

A voz de Beth era suave, mas o seu espírito estava agitado. Esta era a única coisa sobre a qual ela esperava conversar com Alex momentos antes de ir para casa. E era a primeira vez que ele nos falava sobre o dia do acidente.

"Jesus veio e me tirou do carro, e me conservou perto dEle o tempo todo. Eu estava acima do meu corpo e via todos trabalhando em mim. Estava a salvo. Jesus continuava falando comigo, dizendo que eu ficaria bem, e por isso eu não tive medo".

Ao dizer isso, um radiante sorriso banhou o rosto de Alex. Ele havia desejado por muito tempo contar a sua experiência, e agora estava conquistando a habilidade de formar as palavras com a sua boca, mesmo que não conseguisse produzir muito som nos lábios.

"O que mais você viu?"

"Eu vi papai sendo tirado do carro. Os anjos o colocaram na vala".

Beth entendeu o que Alex quis dizer com "tirado". Ele estava dizendo que o seu pai nunca havia sido arremessado do carro, nem havia saído do carro atordoado. Os anjos haviam literalmente levado o seu corpo para um lugar seguro.

"Então eu vi papai chamando o meu nome: 'Alex! 'Alex! Alex!' Papai não sabia onde eu estava, e ele estava preocupado comigo". "Você ficou triste, querido?"

"Não. Não fiquei triste. Eu estava com Jesus. Então vieram muitos bombeiros. Um dos bombeiros levou o telefone de papai para ele, e vi quando ele fez uma ligação".

A mente de Beth correu de volta ao momento daquela chamada. Em termos humanos, Alex não tinha como saber dela.

"Outro bombeiro colocou alguma coisa em minha boca, para me ajudar a respirar. Um enfermeiro me ajudou no carro. Os bombeiros me tiraram do carro e me colocaram sobre uma tábua. Eles cortaram a minha camisa. Era a minha camisa xadrez. Eles também tiraram os meus sapatos. Papai foi até o helicóptero, falar com o homem de roupa azul".

"Alex, você quer dizer roupa laranja? Acho que é o que ele estava vestindo".

"Não, mamãe, era uma roupa azul!"

Este foi o homem do resgate aéreo, o grupo de transporte médico que havia providenciado o helicóptero. Mais tarde, Beth me perguntou sobre o uniforme, porque quando Dave falara com ela no hospital, ela tinha certeza de que ele vestia uma roupa laranja. Mas eu lhe disse que Alex estava completamente certo — a roupa era realmente azul.

"Vi o homem do helicóptero curvado sobre mim, orando. Eles também colocaram papai sobre uma tábua antes de colocá-lo na ambulância. E cortaram as roupas dele".

Tudo isso era verdade, e ele não tinha como saber. Alex estava inconsciente desde pouco depois do acidente, e quando a equipe médica estava me atendendo, ele já estava no helicóptero, a caminho do Hospital Infantil.

"Querido, conte-me para onde você foi", continuou Beth.

"Mamãe, eu estava com Jesus, mas o meu corpo, lá embaixo, não estava respirando. Mas Jesus disse: "Não se preocupe. Você vai respirar de novo".

"Ele disse quando?"

"Não, não disse."

"E os anjos?"

"Estavam ali também".

"Você se lembra de mais alguma coisa?"

"Os meus Barneys estavam por toda parte!"

Beth riu. Nós quase havíamos nos esquecido dos panos velhos que ele carregava, em vez de um cobertor. Como ele disse, os Barneys haviam se espalhado pelo local do acidente.

"Lembro da sala em que trabalharam em mim, quando cheguei ao hospital. Havia muita gente. Talvez... vinte pessoas? Todos estavam ajudando. Todos disseram o quanto eu estava ferido. Eles estavam muito tristes".

"Você ficou com medo?"

"Não. Não tive medo, enquanto Jesus esteve comigo. Ele me disse que eu devia contar a você o que aconteceu".

"Obrigada, querido, estou muito feliz porque você me contou".

Beth refletiu durante um momento sobre esta espantosa conversa e o que havia levado ao assunto. Com tanta coisa a fazer em casa, ela não pretendia vir à reunião hoje. Ela já estava no seu limite, de todas as maneiras possíveis, e com Alex voltando para casa, a vida não iria ficar mais simples. O plano era que ela ficaria em casa e eu viria à reunião, mas nós mudamos de ideia no último minuto... ou melhor, Deus mudou o plano. Jesus desejava Beth ali. Jesus tinha uma mensagem para ela, por meio do seu filho, Alex. *Está bem, Senhor*, pensou ela. *Tu tens a minha atenção. Estou ouvindo.*

Ela começou aquela manhã sentindo-se esgotada, perguntando-se como poderia continuar. Agora fora revelado, de maneira muito clara, pelas palavras de uma criança, que Deus ainda estava no controle. A sua graça era suficiente. Alex nunca sentiu medo, porque ele havia estado com Jesus. Será que ela também não deveria estar descansando em Jesus? O recado não poderia ter sido mais direto. No silêncio daquele quarto, Beth agradeceu, silenciosamente, a Deus. E, como naquele momento com Alex, nós descobrimos, várias vezes, que quando estamos desesperados por Deus, Ele pode ser encontrado em todas as partes.

Mais tarde, naquele mesmo dia, cheguei ao quarto do hospital para remover as últimas coisas de Alex. Ao entrar, uma vozinha — uma bela, mágica e maravilhosa vozinha — da cama chegou aos meus ouvidos. "Papai".

A alegria entrou no meu coração, quando me virei para olhar para o rosto extasiado e sorridente de Alex. Ele havia se esforçado muito para dizer o meu nome alguns dias antes, e agora ele o fazia com perfeita clareza, horas antes que estivéssemos prontos para deixar o hospital. Lágrimas de felicidade correram livremente pelo meu rosto. Quando Alex encontrou a sua voz, eu perdi a minha. Mas isso não me impediu de fazer uma série de telefonemas incoerentes, tentando contar a todos o que havia acontecido.

Fazia três meses desde o dia que eu o ouvira, pela última vez, falar comigo, do banco traseiro do nosso carro.

Era um presente de despedida ou um presente de volta ao lar? Tudo o que eu pude pensar foi, *Obrigado, Senhor! Muito obrigado.*

Em Casa e fora de Casa

Na manhã seguinte, eu estava de volta ao hospital. Como nós tínhamos praticamente vivido no Hospital Infantil durante os últimos três meses, a parafernália da vida havia crescido a proporções estonteantes. Foram necessárias várias viagens até a van para fazer a mudança, do hospital para casa, e estamos falando apenas das nossas coisas! O verdadeiro desafio foi transportar Alex na ambulância. Beth e as três outras crianças esperaram em casa, enquanto Alex e eu ficamos no hospital. A Bíblia diz que Deus estará conosco, sempre que atravessarmos águas profundas, fornecendo a graça de que precisamos. Talvez tenha sido por isso que eu não soube que esta foi apenas a primeira de doze viagens de ambulância que Alex e eu faríamos nos meses seguintes. Se tivesse sabido no dia em que o trouxemos para casa, naquela primeira vez, o meu coração teria se despedaçado. Na minha mente, enquanto eu dirigia para casa, com a ambulância de Alex atrás de mim, nós estávamos *indo para casa para sempre.*

A perspectiva de terminar com as exaustivas viagens de um lado a outro era um imenso alívio, mas ainda assim, é difícil transmitir aos que não estão familiarizados com isso a tensão física, emocional e relacional de fornecer cuidados intensos, 24 horas por dia, 7 dias por semana. A menos que você já tenha passado por isso, imaginar não lhe dará ideia da situação exata. Como um lápis que passou tempo demais no apontador, Beth e eu estávamos tão mal nessa época que tudo o que conseguíamos fazer era puramente sobreviver. Só para manter a família funcionando já era necessário mais do que tínhamos para dar, mas nós tínhamos que dar (e dávamos, de boa vontade). Consequentemente, Beth e eu não tínhamos nada para dar, um ao outro. Eu nunca pensaria no divórcio, mas não tenho dificuldades em entender porque os casamentos que não são fundamentados na Rocha, mas sofrem circunstâncias traumáticas acabam em circunstâncias extenuantes.

Nós estávamos muito ansiosos, para dizer o mínimo, com o fato de sermos diretamente responsáveis pelos cuidados de Alex em nossa casa, com o reforço a quilômetros de distância. Nós tínhamos muitas perguntas. Como seria cuidar de Alex debaixo do nosso próprio teto? Será que conseguiríamos dominar a tarefa, mesmo com o auxílio de enfermeiras? E se surgisse alguma emergência médica? A seguir, havia as perguntas sobre Alex, como quanto tempo o seu espírito jovial iria aguentar? Ele mostrou muita coragem, uma atitude muito positiva, e também um espírito de luta. Ele simplesmente não tinha rendição dentro de si. Quantos de nós teríamos cedido ao desespero depois de acordar paralisados e presos a um respirador? Mas não havia um limite? Será que nós, como seus cuidadores, seguiríamos o seu exemplo e deixaríamos de ser influências desencorajadoras? Às vezes, parecia que *ele* era quem estava *nos* mantendo animados.

Em meio à fraqueza da nossa carne, Deus nunca esteve tão presente em nossas vidas, e realmente agradeci a Ele e o louvei. Mas havia muitas necessidades. Tenho que confessar que tinha uma grande dose de temor e apreensão a respeito do futuro. Eu queria muito que isso funcionasse para provar que estavam erradas todas as pessoas que disseram que nós não conseguiríamos cuidar de nosso filho em casa. Lá no fundo, no entanto, me perguntava se nós estávamos fazendo a coisa certa.

Beth estava lutando tanto quanto eu. Ela realmente precisava da força e da coragem do Senhor, e precisava do apoio fortalecedor de seu esposo. Ela estava preocupada com a situação da enfermagem, que era complicada de estabelecer e administrar. Embora Beth e eu sejamos independentes por natureza, nós havíamos nos tornado dependentes dos habilidosos médicos e assistentes. Eles haviam se tornado a nossa rede de segurança. Uma grande quantidade de pequenas emergências havia ocorrido durante a nossa permanência no hospital. O que nós faríamos durante uma "pequena" emergência, se os enfermeiros qualificados não estiverem presente? Com Alex em um respirador, nós nos preocupávamos constantemente com a urgência da sua próxima inspiração. Alguns momentos de mau funcionamento poderiam significar a sua morte. Só este pensamento já solicitava, e muito, as nossas emoções.

De modo que este era um passo gigantesco. Quantas vezes nós havíamos orado fervorosamente por este dia, esta volta ao lar — mas, como dizem, cuidado com o que você pede em oração. O que nós ganhávamos, por estar novamente juntos, como uma família, nós perdíamos, em perícia médica e ajuda profissional imediata.

Eu continuava pela estrada, a caminho de casa, com a ambulância que levava Alex a pouca distância atrás de mim. Os arranjos da enfermagem para a volta para casa ainda não haviam sido concluídos. Será que essas pessoas poderiam não entender bem os seus horários? Como muitas pessoas, mesmo em um dia bom e sem tensões, tenho pouca paciência com papeladas e burocracia. Neste dia, com Alex voltando para casa, assumindo toda a responsabilidade pelos seus cuidados... *Ajuda-me a ficar calmo, Senhor.*

Suspirei e telefonei para uma amiga que era enfermeira. Depois de confessar as minhas dúvidas e a minha crescente ansiedade, perguntei: "Você acha que eu deveria dar a volta e levar a ambulância para o hospital? Será que estamos cometendo um imenso engano? Talvez nós não estejamos prontos. Diga-me o que você realmente acha".

Ela me encorajou a perseverar, e depois de alguns minutos, eu estava finalmente entrando na nossa longa rua. Ao virar a última curva, vi Beth, carregando o bebê Ryan, e Aaron e Gracie, pulando e me acenando. Os seus rostos entusiasmados eram exatamente o que o meu coração necessitava. Nesses poucos momentos, o pior da ansiedade desapareceu. Tinha tanto a agradecer: a minha esposa, os meus filhos, e Alex desperto e em casa, com a mente e o espírito intactos. Sim, verdadeiramente, muito a agradecer.

Estacionei perto da casa, e logo fui rodeado pela minha família, mas a atração principal logo exigiu a atenção de todos. Quando Alex, preso a uma maca, foi empurrado pela rampa, lágrimas correram dos nossos olhos. De alguma maneira, a chegada de Alex assinalou o fim de alguma coisa, e o início de algo mais. Nós não havíamos previsto a nossa reação à sua chegada, e não conseguíamos parar de chorar. É curioso como um momento como esse pode surpreender você. A presença dos paramédicos, um terapeuta de respiração e outros membros da equipe médica logo desviaram de volta a nossa atenção ao trabalho de transportar Alex e todo o equipamento médico para dentro da casa.

Em Casa, mas não Sozinho

Nós havíamos decorado as paredes com faixas coloridas, dando as boas vindas a Alex. Beth havia dedicado longas horas ao trabalho de arrumar a casa, preparando os ambientes para o fluxo constante de visitantes e abrindo espaço para todo o equipamento médico que precisaria ser instalado. Enquanto isso, é claro, ela tinha três filho pequenos dos quais deveria cuidar — duas delas, muito ativas.

As refeições vinham como o maná do céu. As maravilhosas pessoas da igreja fizeram o que o povo de Deus parecia fazer com excelência: o ministério das refeições. Eles haviam organizado um plano para assegurar que Beth pudesse, pelo menos, evitar trabalhar junto a um fogão quente.

Dois homens apareceram para montar o balanço, que ficou nas caixas durante muitos meses, desde que compramos a casa. E assim as tarefas foram feitas na casa, durante muito tempo. Sempre que houvesse algo para fazer, dois ou mais homens apareciam e faziam para nós. O nosso pastor era um visitante regular, bem como muitas outras pessoas que desejavam orar conosco e oferecer amor e encorajamento. Uma coisa com que nós definitivamente não tínhamos que lidar era a solidão. Nós tínhamos um incrível apoio, local e de lugares distantes.

Outros profissionais médicos começaram a aparecer, a intervalos regulares. Havia um terapeuta ocupacional, um terapeuta físico, um terapeuta da fala, um terapeuta de respiração, e um grupo de enfermeiras que trabalhavam em turnos de 24 horas em nossa casa, de modo geral, seis dias por semana. Além disso, o seu supervisor aparecia de vez em quando, para se certificar de que tudo estava funcionando bem e dar sugestões. Todas essas pessoas amavam Alex, e ele retribuía o seu afeto e respondia às suas instruções com esforço sobre-humano. Pelo menos para o futuro imediato, nós não estaríamos sozinhos. Mas mesmo com toda esta ajuda, o hospital parecia a anos-luz de distância.

A nossa varanda ficou cheia de caixas estranhas, pois a transportadora deixava novos equipamentos e suprimentos médicos todos os dias. O hospital havia sido a nossa casa durante três meses; agora, a nossa casa estava se tornando um hospital.

Nós nunca teríamos imaginado quantas pessoas passariam por nossa casa todos os dias. Nós quase precisamos instalar um estacionamento ao lado da casa. Mesmo quando éramos uma família normal, com quatro crianças saudáveis, a nossa casa parecia tranquila em comparação com o entra e sai que agora era a nossa rotina diária. No entanto, nós éramos gratos por cada visitante e cada equipamento médico, porque sabíamos que essas coisas tornavam a vida de Alex melhor.

O nosso desafio era, de alguma maneira, manter um círculo familiar íntimo e ser os pais que todos os nossos quatro filhos necessitavam. Até mesmo ter um momento pessoal com cada filho requeria uma tremenda consciência e criatividade. Um tempo para Beth e eu, como um casal — era uma lembrança distante. Talvez, um dia, houvesse um momento em que pudéssemos por gasolina, ir a algum lugar e não nos dedicar a nada mais no mundo, exceto alimentar o nosso amor e compromisso. Era difícil imaginar quando chegaria esse dia.

Quando Beth e eu chegamos à cama, na noite do dia em que Alex voltou para casa, estávamos completamente exaustos. Alex estava instalado, os nossos filhos estavam em suas camas, os respiradores e outras máquinas estavam zumbindo, e havia uma enfermeira de plantão. Amanhã seria um dia um pouco menos frenético, não seria?

Casa e Lareira

No dia seguinte, me levantei da cama, imediatamente sentindo o dever de ir ao computador. Como foi a volta ao lar? Os nossos amigos da internet estariam ansiosos para saber. Quando estava apertando o botão para ligar o computador, a voz de Alex, fraca, mas relativamente insistente, rompeu o silêncio da manhã.

"Papai?"

Embora Alex estivesse "falando" conosco regularmente, nem sempre era audível. Ele movia cuidadosamente a boca a cada palavra que desejava dizer, trabalhando com os seus músculos faciais tão vigorosamente quanto pudesse. Às vezes havia um pequeno grunhido, às vezes nada.

Imediatamente lhe dei toda a minha atenção. Ele estava muito extasiado por estar em casa outra vez, e tudo o que desejava era que eu acendesse a lareira. Para ele, esta era uma das coisas emocionantes da nova casa, algo que certamente não se tem em um hospital. Durante meses, o seu espírito se animou com a esperança de ver de novo o seu cão, desfrutar da lareira acesa, e estar com seus irmãos. Eu o levei até a sala, onde ele ficou por várias horas, apenas deleitando-se do aconchego do seu próprio lar. O momento era perfeito, porque o sol da manhã revelava dez centímetros de neve sobre o chão. Isso colocou um grande sorriso no rosto de Alex.

Agora ele estava na sala e desfrutando do crepitar da lareira, e podia olhar pela janela e ver a neve se acumulando sobre os galhos das árvores e os pássaros no comedouro. Essas eram coisas que ele amava, e houve um tempo em que nós nos perguntávamos se ele abriria de novo os olhos para as simples alegrias. Alguns esperariam que ele estivesse olhando para a neve com amargura, lembrando-se de como havia brincado com ela no inverno anterior. Mas Alex simplesmente não era assim. Ele nunca havia parecido tão feliz.

Viktor Frankl, autor de *Man's Search for Meaning,* era um sobrevivente dos campos de concentração nazistas. Ele havia observado as várias maneiras como homens e mulheres reagem ao sofrimento, e escreveu: "Tudo pode ser tirado do homem, exceto uma coisa: a última das liberdades humanas — a escolha da atitude em determinada circunstância, a escolha do seu próprio caminho".

Meu filho era uma prova viva. É por isso que digo, em certo ponto, Alex se tornou o meu mentor, o meu técnico para a atitude correta na vida. Se esse garotinho podia ser tão alegre e se recuperar de tão terríveis circunstâncias, então sei que posso encarar praticamente qualquer coisa. O que vejo no meu filho é uma demonstração viva de fé infantil, demonstrando a verdade do que dizem as Escrituras:

Quem nos separará do amor de Cristo? A tribulação, ou a angústia, ou a perseguição, ou a fome, ou a nudez, ou o perigo, ou a espada?... Mas em todas estas coisas somos mais do que vencedores, por aquele que nos amou. Porque estou certo de que nem a morte, nem a vida, nem os anjos, nem os principados, nem as potestades, nem o presente, nem o porvir, nem a altura, nem a profundidade, nem alguma outra criatura nos poderá separar do amor de Deus, que está em Cristo Jesus, nosso Senhor!

(Romanos 8.35, 37-39)

Uma Conversa Impressionante

Durante os momentos mais tranquilos, Alex começou a falar sobre as coisas que haviam ocorrido enquanto ele estava distante de nós. Pela primeira vez, comecei a suspeitar que o meu filho realmente houvesse morrido no local do acidente. Essa possibilidade se encaixava tanto no tipo de ferimento, como no tipo de viagem que ele declarava ter feito — uma jornada até o próprio Céu. Além disso, com o passar dos dias, Alex se tornou mais insistente a respeito da sua história. Uma narrativa inventada seria inconsistente e desapareceria. A narrativa dele, no entanto, assumia cada vez mais substância.

No início, nós não esperávamos que Alex se lembrasse de nada sobre o acidente. No entanto, um dos meus maiores temores era que a sua memória tivesse se extinguido completamente ou, na melhor das hipóteses, estivesse instável. Esse medo surgiu quando ele recuperou a capacidade de formar sentenças. Tão logo ele pôde proferir as palavras, meu filho me perguntava, repetidas vezes: "Você é o meu papai?"

A minha expressão facial não se alterava, mas quando ouvia essas palavras o meu coração começava a doer, como se eu tivesse sido rejeitado de alguma maneira. Isso não era racional, eu sei, mas quando o seu filho pergunta a si mesmo quem você é, pode confiar em mim, a lógica não é páreo para as emoções.

Alex gradualmente se tornou cada vez mais interessado em falar, e as conversas se tornaram muito próximas do que todos nós consideraríamos normais. Uma das primeiras conversas fluentes foi mais ou menos assim:

"Você é o meu papai?"

"Sim, Alex, eu sou papai".

"Você tem certeza de que é o meu papai?"

"Sim, Alex, sou eu".

"Porque o meu papai morreu, em um acidente de carro", disse ele. "Você é parecido com ele, mas o meu papai está no Céu".

"Alex, eu estava no acidente de carro com você", expliquei, desconcertado com a declaração dele. "Fui jogado para fora do carro, mas não morri".

"Eu sinto muito pelo acidente, papai".

"Eu também, Alex, mas vai ficar tudo bem, amigão. Deus vai nos tirar dessa".

"Papai, o acidente foi culpa minha".

"Não, Alex. Eu entrei na frente de um carro...".

"Mas eu vi o carro, e não disse a você. Eu fiz uma pergunta e fiz você se virar. Você não viu o carro".

"Alex, eu é que tenho que pedir desculpas. Estive esperando para pedir desculpas a você durante três meses. Quase matei você!"

"É mesmo, papai? Pensei que a culpa fosse minha. O Diabo me disse que a culpa era minha".

O meu coração se encheu, de maneira quase insuportável, quando ouvi essas palavras. Ele estava carregando essas lembranças durante todo esse tempo? Ele estava se esforçando sob uma sensação de culpa durante todas essas semanas?

"Não, Alex. Fui eu quem causou o acidente. Não acredite em nenhuma palavra que o Diabo diz. Você não causou o acidente. A culpa foi minha. Alex, por favor, você me perdoa?"

"Sim, papai. Eu amo você."

"Obrigado, Alex. Eu amo você, mais que tudo na vida".

À medida que aumentava a capacidade de falar de Alex, nós começamos a sentir que algo muito diferente de um mero coma ocorreu durante os últimos meses. Alex começou a nos narrar detalhes de uma longa visita ao Céu. Tantas coisas sobrenaturais já haviam acontecido que os milagres não nos surpreendiam mais. Nós estávamos agradecidos por cada intervenção divina, mas Alex havia começado a falar sobre coisas muito além de qualquer coisa que já tivéssemos vivenciado.

Como um conselheiro clínico licenciado, eu sabia exatamente o que os médicos diriam a respeito. Eles atribuiriam esses fatos a um sonho e à imaginação de uma criança, talvez até mesmo alucinações devidas ao trauma cerebral. Todos nós sabemos que muitas pessoas despertam depois de experiências de quase morte, e têm histórias urgentes a narrar. Sinceramente, no princípio eu também não sabia como interpretar o que Alex nos contava. O meu lado mais pragmático e "instruído" pensava: Talvez ele realmente tenha sofrido *um dano cerebral; talvez ele* esteja *imaginando coisas.*

Mas nós estávamos, havia três meses, em uma aventura sobrenatural. Nós nunca havíamos estado mais sintonizados com a obra do Senhor ou mais conscientes da batalha espiritual. Nós nunca havíamos dependido tanto de um Deus que intervém na vida. O meu ceticismo treinado foi moderado pelos milagres que eu havia testemunhado. Se Alex dizia que viu o Diabo, eu estava pronto a ouvir, com mente aberta. Quem poderia saber quais teriam sido as suas experiências, durante essa assombrosa viagem? As nossas foram inacreditáveis. Percebi que o problema não era Alex, o problema era eu, e a minha incapacidade de crer no que eu dizia crer.

Aos poucos, a história coerente de Alex sobre o Céu e os anjos começou a emergir. Eu ouvia essas coisas com assombro. O quadro foi se completando lentamente, mas plenamente e sempre consistente. "Alex", perguntei, "como você se sentiu ao voltar para o seu corpo, depois de ter estado fora dele por algum tempo? Deve ter sido muito estranho".

Ele apenas girou os olhos e formou a palavra "Ai!"

Eu nunca fazia perguntas que já influenciassem a resposta. Por exemplo, não perguntava, "O Céu era branco, como nos quadros?" ou "Os anjos tinham asas?" Cada informação era algo que ele fornecia voluntariamente.

Com o passar do tempo, Alex transmitia cada vez mais informações. Uma vez que eu não tenho uma formação pentecostal, tudo isso é território novo para mim. Eu não tenho uma gaveta teológica onde guardá-las. É uma realidade que invadiu as nossas vidas.

Crise

As enfermeiras entravam e saíam de uma maneira mais esporádica do que poderíamos ter esperado, mas as coisas estavam funcionando. Nos dois primeiros dias depois da vinda de Alex para casa, Beth e eu nos sentimos à vontade cuidando dele nos momentos em que estávamos sozinhos.

Então, naquele terceiro dia, Alex parecia estar com dificuldades. Nós não conseguíamos fazer com que ele se sentisse confortável. Com o passar da tarde, ele começou a lutar para respirar. A enfermeira ajudou a limpar as suas vias aéreas, o que melhorou as coisas durante um curto intervalo de tempo. Então ele começou a ter dificuldades para respirar outra vez. A seguir, a sua temperatura desceu à perigosa marca de 32,7°C; a sua pulsação se mantinha ao redor de sessenta. Havia um acúmulo de secreção em sua garganta, obstruindo a traqueia. Esse problema tinha que ser solucionado imediatamente, mas antes que conseguíssemos limpar a obstrução, Alex foi ficando sonolento, sem reação e cada vez mais pálido.

Nós não conseguimos lidar com essa crise, mesmo com a enfermeira ao lado, e o nosso tempo diminuía rapidamente. A nossa única opção foi chamar a ambulância. Desde o princípio, eu havia tido as minhas dúvidas secretas sobre a sensatez de prover todos os cuidados de Alex em casa. Enquanto esperávamos a chegada do socorro, eu não pude deixar de pensar, *Talvez esta seja a confirmação de que a situação de Alex é complicada demais e perigosa para que lidemos com ela em casa.*

A ambulância chegou, embora não particularmente depressa. Graças a Deus, os profissionais estavam ali. Os paramédicos rapidamente correram pela casa até o quarto de Alex, mas pararam na entrada. Olhando em volta, a todo o equipamento médico, o líder dos paramédicos perguntou: "O que você quer que façamos?" Estava claro que eles não sabiam o que fazer com alguém que estivesse em um respirador.

"O que você quer dizer com 'O que eu quero que você faça?' Telefonei e disse ao controlador que o meu filho está preso a um ventilador, e não consegue respirar, a sua temperatura está perigosamente baixa e ele está letárgico. Se soubesse que você iria me fazer essa pergunta quando chegasse, e não teria chamado a ambulância".

Foi um momento tenso, e tudo — a vida do meu filho — estava em risco. Os paramédicos não tiveram outra resposta senão levar Alex ao hospital, e começaram a removê-lo. A enfermeira e eu acompanhamos a ambulância ao hospital, enquanto Beth ficou em casa com os pequenos.

No pequeno hospital local, os médicos e outros profissionais tentaram o melhor que puderam, mas logo ficou óbvio que eles também não tinham a perícia para lidar com a situação de Alex. Parecia que nós sabíamos mais sobre a condição do nosso filho do que essas pessoas. De repente, nós éramos os especialistas — nós lideramos as iniciativas e os médicos e as enfermeiras nos observavam cuidadosamente. Eu me incumbi pessoalmente dos cuidados de Alex, uma vez que eu sabia a melhor maneira de fazê-lo.

+++

Por favor, ore pedindo proteção para Alex e orientação. Sei que a situação está nas mãos de Deus e que tudo estará bem, mas é desafiador estar em um sistema em que você sente que sabe mais do que as pessoas em quem você está confiando. Por favor, saiba que Alex está em um excelente estado de espírito. Deus está no controle.

PrayforAlex.com, postado por Kevin Malarkey em 17 de fevereiro de 2005

Para começar, ele estava no limite da hipotermia, e precisava ser aquecido imediatamente. Nós o cobrimos, para aumentar a temperatura do seu corpo. Eu o alimentei pelo tubo G em seu estômago, monitorei o ventilador e fiz todas as pequenas coisas que havíamos aprendido para ajudar a manter o meu filho estável. Nada disso pretende ser um comentário negativo sobre o hospital local. Nós ficamos um pouco surpresos com a pouca ajuda que eles estavam preparados para oferecer, mas descobrimos que isso é comum em hospitais menores. A situação de Alex era tão aguda e especializada que exigia os cuidados que apenas uma instalação maior poderia propiciar. Somente à noite nós tivemos permissão de transferir Alex para o Hospital Infantil.

Um Fracasso Total?

No hospital local, eu observava os sinais vitais de Alex como um falcão, com a ansiedade me percorrendo. Orei constantemente, pedindo misericórdia e ajuda, durante toda aquela noite, que pensei que jamais terminaria. Angustiante — não há outra palavra para descrever o sentimento de observar o seu filho tentando respirar, sabendo que não há nada que você possa fazer, exceto esperar.

A ambulância que levaria Alex ao Hospital Infantil chegou. Que alívio foi finalmente conseguir a ajuda de que ele precisava tão desesperadoramente, mas, por outro lado, a sensação foi de um fracasso total. Durante semanas, nós tínhamos os olhos fixos no grande dia em que Alex viria "definitivamente" para casa. Nós preparamos a casa, instalamos faixas, arrumamos a casa com rampas e equipamentos, e conseguimos manter tudo sob controle durante o grandioso total de três dias. Agora nós estávamos de volta ao lugar que nos havíamos convencido de ter deixado para sempre.

Em cinco outras ocasiões durante o ano seguinte, fomos de um lado a outro, entre a nossa casa e a unidade de respiração no Hospital Infantil. A estabilidade que buscávamos fugia de nós. Não importando quantas vezes nós nos dizíamos que éramos felizardos por ter o nosso filho vivo, nós ainda sucumbíamos a sentimentos de desencorajamento e, às vezes, até mesmo desespero.

A exaustão física esgotava a nossa esperança. Muitas vezes nós estávamos exaustos demais, até mesmo para orar. Graças a Deus pelas orações dos santos! Elas nos sustentavam, quando colocar um pé à frente do outro era tudo o que conseguíamos fazer. Houve muitas ocasiões em que Beth e eu fomos pouco mais que conjuntos ambulantes de nervos em frangalhos. Por causa disso, era ainda mais surpreendente ver quantas pessoas continuavam a nos considerar como fontes de inspiração espiritual — modelos de fé viva. A opinião geral nos colocava como heróis ou mártires, modelos de coragem. Por que as outras pessoas não pareciam perceber o quanto nós poderíamos estar estressados, mal humorados e desagradáveis? Eu podia apenas esperar que essas pessoas compreendessem a verdade.

Por favor, ouça-me quando eu digo que a nossa capacidade de perseverar não tinha nada a ver com a nossa força, a nossa fé ou qualquer atributo positivo que tivéssemos. Na verdade, essas circunstâncias apenas nos humilhavam. Elas não nos mostravam as nossas forças, mas as nossas imensas fraquezas; não a nossa fé, mas a nossa falta de fé. Coragem? Nós nunca havíamos precisado tanto dela. Nós vivíamos com medo do que o futuro poderia trazer para Alex.

A questão não eram as nossas forças, mas as de Deus. Ele foi a única razão por que chegamos tão longe sem nos entregar ao desespero total. Nós ouvimos falar sobre muitas crises que destruíram casamentos e famílias. Ouço que quando um filho morre, os pais frequentemente acabam se divorciando. Nós lutávamos com as más ocasiões, e éramos forçados à total dependência de Deus, o único refúgio que tínhamos, porque sabíamos que não éramos suficientemente fortes para resistir a tal tempestade.

Todas as vezes em que nos sentimos tentados a desistir ou ceder, todas as vezes em que estivemos no limite de nossas forças, Deus enviou anjos para nos encorajar, ou fez algo milagroso na vida de Alex. O Senhor nos lembrava constantemente da sua presença, do seu poder ilimitado, e do seu amor misericordioso, enquanto a situação nos lembrava de nossas limitações e fraquezas. Além de tudo isso, os anjos humanos de consolação, sempre ágeis e solidários, frequentemente eram as mesmas pessoas que declaravam obter grande inspiração com a nossa história! Nós é que deveríamos aplaudi-los. Eles foram as mãos de cura de Deus em nossas vidas, muitas e muitas vezes. Sem eles, como poderíamos ter resistido a cada dia?

Muitos casais têm a confortável situação de resolver os problemas de seu relacionamento em particular, mas nós vivíamos nossas vidas na sala de espera do Hospital Infantil e no meio de uma casa que havia se tornado como uma estação de trens, com muita gente entrando e saindo. Ficava irritado com Beth ou algum ajudante, ou ela se exasperava comigo, e então nós nos sentíamos duplamente culpados — não apenas havíamos sido ásperos, um com o outro, mas havíamos dado vazão às nossas frustrações em público. Nós havíamos apresentado um péssimo testemunho da bondade de Deus. Em várias ocasiões os nossos filhos também estavam presentes. Discutir diante das crianças nunca é uma boa coisa, mas elas estavam diante de nós praticamente todo o tempo.

Era impossível evitar, considerando o constante nível de tensão, a menos que nós realmente nos tornássemos os santos perfeitos que as pessoas pensavam que éramos. Isso não aconteceria, nós éramos pessoas comuns, colocadas em meio a uma situação extraordinária, mas éramos abençoados por um Deus que supre todas as nossas necessidades, além de todas as expectativas. Eu só espero que, na análise final, as pessoas tenham visto mais a Deus do que a nós, nessa situação. Sei que elas tinham que ver a ira que eu sentia, tão comumente — nunca dirigida ao Senhor, mas, às vezes, aos médicos ou a Beth. No calor do momento, eu lhes fazia declarações que adoraria poder retirar.

A Panela de Pressão

Eu adoraria esquecer aquelas muitas situações em que me irritei com os outros. Certa vez, houve uma discussão com um dos médicos. Eu estava profundamente preocupado, porque Alex estava com dificuldades para respirar, mesmo no respirador. Era muito frustrante ver que os seus pulmões se enchiam constantemente de secreções, bloqueando o ar de que ele precisava tão desesperadamente. Não poderia ser feito algo para impedir que essas secreções fluíssem até os seus pulmões? Os médicos estavam convencidos de que era uma questão de ansiedade. Eles queriam administrar um medicamento antiansiedade a Alex.

Eles fizeram o diagnóstico correto, mas no paciente errado. Era eu que precisava desse remédio, particularmente depois de ouvir os seus prognósticos. Sabia que os problemas de Alex não tinham fundo emocional. Eu estava furioso, e quanto mais a equipe continuava insistindo com essa sugestão, mais irritado ficava. O que mais me incomodava era o fato de que Alex foi um modelo de coragem e calma, o tempo todo. Mas aqui os médicos estavam afirmando que era o estado de espírito de Alex que estava causando os problemas, claramente físicos.

Com o meu "barômetro emocional" se avolumando, comecei a me aproximar do médico até que ficamos cara a cara. Tenho 1,80 de altura e peso quase 100 quilos, e tenho certeza de que posso ser uma presença imponente quando perco a calma. O médico era tão teimoso quanto eu, insistindo que Alex precisava de um remédio contra ansiedade. Era uma combinação ruim. Finalmente, explodi. "Talvez eu deva derrubá-lo e então pular sobre o seu peito, para que você entenda qual é a sensação de não conseguir respirar", gritei. "Mas você não terá que se preocupar com a respiração, porque eu vou lhe dar um remédio contra ansiedade! Dar ao meu filho um remédio contra ansiedade pode ajudar a sua ansiedade, mas não o ajudará a respirar através do obstáculo de secreções que bloqueia parte da sua traqueia!"

Acredite em mim, não é fácil narrar este episódio do meu passado. Há uma parte de mim que preferia que você ouvisse aqueles que nos pintavam como gigantes espirituais. Mas, naturalmente, isso estaria longe de ser honesto. Este não é um livro de ficção, ele narra uma história muito verdadeira. Quero que você saiba que não há nada de especial em mim, e dentro de mim há muita coisa que Deus ainda precisa consertar. Sou uma obra em andamento para estar em conformidade com a imagem de Cristo, o objetivo de todos nós, crentes. Mas ao trabalhar neste livro, sempre tenho em mente a relutância de Alex em contar a sua história. O seu medo é de que as pessoas admirem os seres humanos na narrativa, incluindo ele mesmo, e não o Único que deveria realmente impressioná-las.

Dias de Adoração

Como se a nossa igreja local já não tivesse feito mais do que suficiente, os seus membros decidiram fazer algo mais — um culto, em uma manhã de domingo, dedicado a Alex. Que honra foi ter uma oportunidade de enaltecer o Senhor pelas coisas maravilhosas que Ele estava fazendo pelo nosso filho. A melhor parte foi, naturalmente, o fato de que Alex pôde desfrutar de cada momento.

Depois que nós vimos um vídeo que contava a sua história, eu levei a cadeira de rodas de Alex até o corredor central. Você pode imaginar o que aconteceu a seguir — todos ficaram em pé. Alex ganhou uma estrondosa ovação em pé, quando todos sentiram a glória de Deus naquele momento. Poucos ficaram com os olhos secos naquele dia.

Em meio ao louvor, inclinei-me para sussurrar a Alex: "Isso não é para você". Ele girou os olhos em minha direção — o seu gesto favorito, que tem múltiplos significados. Neste caso, interpretei o gesto como "Papai, isso é o que eu lhe dizia, todo o tempo". A sua provação e as suas experiências posteriores o haviam tornado sábio na fé, ainda que fosse muito jovem. Ele dizia que havia estado no Céu. As pessoas podiam questionar outra pessoa, que dissesse algo tão extraordinário, mas no caso de Alex, ninguém duvidou, porque estava claro que algo havia transformado radicalmente este menino de seis anos de idade. Algo o havia trazido de volta à vida, quando ele parecia estar morrendo. Alguém curou as suas vértebras. Alguém despertou a sua mente e a sua consciência quando nós ouvíamos que isso seria extremamente improvável. E Alguém claramente tinha planos futuros para Alex Malarkey.

Para Alex, a questão é sempre esse Alguém. Nunca houve um momento sequer em que ele tomasse uma mínima porção de crédito ou reagisse a um elogio de outra maneira que não fosse redirecionar a glória a Deus. O meu maior objetivo na vida é adquirir essa mesma mentalidade, e me tornar um quadro de avisos do Céu e não um sinal dos tempos.

À medida que o culto de adoração se realizava, continuavam os cânticos de louvor. Alex cantou com a congregação. Eu mantinha os olhos no seu rosto, porque amo vê-lo exaltar a Deus com música. Logo as pessoas começaram a se levantar e falar espontaneamente sobre o assombroso impacto que a sua interação com ele havia causado em suas vidas. Esse foi um dia abençoado. Os nossos corações precisavam muito dele.

Muitos meses mais tarde, em outro culto, quando Alex estava cantando com o coro das crianças, a minha mente voltou àquela manhã, antes do acidente. Alex era tão tímido e apegado a nós. De certa forma, este era o pior pesadelo de uma criança tímida — todos os olhos fixos nela. Mas agora, Alex era uma criatura diferente. Ele não queria ser um espetáculo, e nós também não queríamos. Se ele podia ter a experiência normal de cantar com o coro das crianças, então era uma maravilhosa resposta ao tipo de oração que nós havíamos enviado freneticamente ao Céu, quando ele estava em coma. Tê-lo de volta era o melhor que poderíamos ter esperado, e se pela graça de Deus ele podia ter as experiências normais que outras crianças têm — bem, isso era ainda melhor.

Pouco depois, houve outro culto — uma reunião especial em nossa casa, em uma noite de domingo. Aqui estava outro uso da nossa "casa dos sonhos", sobre o qual nunca havíamos sonhado. Vieram centenas de pessoas, de toda a parte central e ocidental de Ohio. Depois de estacionarem em nossa igreja, as pessoas foram transportadas até a nossa casa em ônibus. Os homens da igreja apareceram outra vez, instalando um sistema de som debaixo de um grande carvalho, em uma clareira, perto da casa. Pastores de várias igrejas pregaram. Então, uma vez mais, houve um momento para compartilhar. Nós continuamos ouvindo sobre milagres, sobre boas coisas que aconteciam às vidas das pessoas, com Deus mostrando a sua grandeza no que o mundo considerava uma tragédia.

Alex ficou de lado e ouviu silenciosamente, nessa noite, em particular. Pediram que ele falasse, mas ele declinou. Afinal, disse ele, este culto não era em sua honra — era para Deus. A coisa certa a fazer era deixar que Deus falasse. O meu filho maravilhoso se sentou ao fundo, onde se sentia mais confortável, e ouviu... enquanto Deus fazia exatamente o mesmo.

De Alex

Dizer aos Outros

Ninguém despreze a tua mocidade; mas sê o exemplo dos fiéis, na palavra, no trato, na caridade, no espírito, na fé, na pureza.

1 TIMÓTEO 4.12

O meu relacionamento com Jesus não é diferente do relacionamento de qualquer pessoa que o conhece; Ele apenas me deu uma experiência muito especial.

Quero que as pessoas saibam que Deus é real, e que o Céu é real. Deus é o meu Papai no Céu, e Ele me entende todo o tempo. É assim que Ele se sente, a respeito de todos os seus filhos.

Um dia, quero ser um missionário. Quero ir a diferentes lugares, onde o Evangelho não é transmitido claramente, e falar sobre Deus às pessoas, e peço que Ele me ajude. Quero que as pessoas entendam que o Céu não é um lugar para onde você vai simplesmente porque você faz coisas boas. Você tem que pedir que Jesus entre no seu coração, e pedir perdão.

Se eu não puder ser um missionário, quero ser um recebedor do time de beisebol dos Houston Astros. Houston é uma cidade legal. Eu poderia ir aos jogos do Texas, e a vantagem é que lá faz calor mesmo no inverno. E se eu não puder ser um missionário nem um jogador de beisebol, quero ser um comediante. Sou engraçado, e tenho todos os livros de piadas na língua inglesa.

CAPÍTULO 8

GUERRA E PAZ

"Ei, papai", disse Alex, com a voz fraca, "eu estou sendo atacado".

O tempo opera milagres, curando, concedendo sabedoria, e fornecendo perspectiva.

O tempo estava fazendo o seu trabalho, tornando rotineiro aquilo que já havia sido traumático. As idas ao hospital não eram mais estressantes, nem produziam angústia. Alex continuava lutando, obtendo grandes progressos em algumas frentes. Beth cuidava das crianças. Eu voltei ao trabalho e comecei a reconstruir os meus negócios. Gradualmente, a nossa família encontrou o seu ritmo, e periodicamente desfrutamos algum descanso. Mas a paz permanente nesta, vida é algo impossível de encontrar. É assim que o próximo mundo será, não este. A batalha espiritual está acontecendo em todos os momentos. Não é por isso que a Bíblia fala da necessidade da armadura espiritual? Nós podemos nos esquecer, mas isso não modifica a realidade de Efésios 6.12. Há forças em ação que tentam destruir tudo o que Deus deseja fazer entre nós — e há a suave voz que nos chama à oração, à vigilância, à resistência ao Inimigo.

Eu não estava pensando em nada disso, sentado em uma igreja, em uma quente manhã de domingo, em agosto de 2005. Naqueles dias, eu estava confiante de que as nossas maiores batalhas ficaram para trás. Era gratificante saber que as coisas haviam se acalmado — que grande parte das verdadeiras surpresas já havia acontecido. A nossa vida era razoavelmente normal — pelo menos, o nosso tipo de normal. Alex estava de volta ao hospital, com uma infecção pulmonar, mas os médicos nos disseram que era tratável.

Um sorriso para Aaron me lembrou de que ele estava com apenas um ano a menos do que Alex quando o acidente ocorreu. De repente, uma estranha sensação perfurou a minha mente. Uma ideia penetrou em minha consciência, tão clara como se o pastor Brown a tivesse proferido no púlpito: *Alex vai ficar curado.* Eu tentei bloqueá-la, mas como o telefone que não deixa de tocar até que você o atenda, não consegui: *Alex vai ficar curado.*

Alex ficar curado não era uma ideia nova. Ouvi essa sincera convicção de vários amigos, em incontáveis ocasiões. "Deus vai curar Alex *completamente*", diziam eles. "Eu simplesmente sei que é verdade. Posso sentir!"

O primeiro a dizer isso foi, é claro, Dave, o paramédico, e depois a própria Beth, no mesmo dia do acidente. Muitos meses de médicos, enfermeiras, ambulâncias, bloqueios de secreções e respiradores não haviam diminuído a fé de Beth. Ela tinha certeza de que o milagre viria. Muitos dos amigos dela haviam adotado o refrão, *Deus vai curar Alex. O milagre está vindo, creia!*

Certamente, eu gostava dessa mensagem, e não tinha problema em aceitá-la, de certa forma. Desde o princípio, Deus fortaleceu a nossa fé. Alguém poderia dizer que o fato de que Ele tivesse abençoado Alex, e o tivesse levado ao Céu, enviado anjos para servi-lo e todo o restante era, claramente, parte de uma corrente que culminaria no grande final da cura total do nosso filho — se você fosse dado a esse modo de pensar. Na verdade, mesmo que você não cresse em Deus, você teria que acreditar em Alex. A sua coragem, determinação e tenacidade eram a matéria prima para uma vitória da mente sobre o corpo. No entanto, todos nós críamos em Deus, e sabíamos que todas as coisas são possíveis em Cristo.

Eu ouvia Deus, à minha maneira, passava algum tempo com Ele todos os dias, estudava a sua Palavra e orava constantemente. Mas não era uma daquelas pessoas que ouvem mensagens proféticas dos lábios de Deus no meu ouvido... até aquele dia de agosto, na igreja, sentado ao lado de Aaron. Foi quando eu finalmente recebi a mensagem.

Em um minuto, eu estava ouvindo atentamente as palavras do pastor, e no momento seguinte, eu estava ouvindo:

Ele ficará completamente curado.

Dei de ombros, e continuei ouvindo o pastor, mas a mensagem continuava aos meus ouvidos:

Ele ficará completamente curado.

A mensagem era tão persistente, que soube que ela não vinha de mim mesmo. Mas eu não estava entusiasmado em aceitar a ideia de "ouvir vozes". Era algo que nunca havia sentido. Será que eu poderia aceitar, pela fé, que era Deus falando comigo? Este era um grande compromisso — do tipo que partirá o seu coração se aceito por completo, mas falsamente. Era o tipo de ideia que convence as pessoas que você está fora de si, se você andar por aí contando a todos. Não havia problema com minha esposa e as amigas dela, mas eu tinha um modo de pensar científico, em harmonia com a minha profissão. Não era apenas eu.

Mas aquele que me transmitia essa mensagem estava determinado a fazer com que eu entendesse. Aquelas quatro palavras assumiram uma força própria, atacando a fortaleza do meu intelecto. Era o momento de aceitar o que tantos já tinham aceitado. Deus estava pronto para permitir que eu soubesse que Ele iria curar Alex. Mas será que eu estava pronto para receber isso?

Será que eu deveria sentir alegria? Não posso dizer que sentisse. Este acontecimento foi estranho demais, assustador demais. *Alex ficará curado.* Era o tipo de fé de Beth, e não o tipo cuidadoso e analítico que eu preferia. Era ótimo para ela, não para mim. Mas, de repente, ali estava eu, conversando com ela na zona nebulosa da fé.

Será Deus limitado pelo meu entendimento intelectual? O que me impedia de aceitar uma verdade maravilhosa — medo, incredulidade, soberba? Então, em um momento, a misericórdia e a grandeza de Deus dominaram o meu minúsculo intelecto, e Ele me deu a fé para crer. Simplesmente *soube* que Deus estava me dizendo a verdade: *Alex ficará curado.* Aceitei a mensagem, acreditei nela e a recebi, e quando fiz isso uma nova mensagem ficou gravada em meu coração.

Siga em frente, e ore.

Deus estava literalmente me instruindo a caminhar até diante do púlpito e pedir orações. Toquei o braço de Aaron e sussurrei: "Você quer vir comigo à frente, para orar?"

Ele me olhou assustado, e disse: "Não, papai! Eles vão nos esmagar".

Dei um sorriso forçado. Aaron já conhecia bem essa igreja. Todos ficam muito entusiasmados com a oportunidade de orar com você. Se você é um menininho, esse movimento é um pouco assustador.

Deus queria oração; Aaron queria evitar ser esmagado.

Parecia importante que Aaron estivesse comigo. Pensei sobre isso durante um minuto. "Aaron", sussurrei, "se você for à frente para orar comigo, levarei você à lanchonete depois do culto".

Essa oferta (ou suborno!) foi atraente demais para um garotinho, mesmo confrontado com a perspectiva de ser esmagado pelo povo de Deus. Assim, nós estávamos prontos, quando o pastor perguntou. "Alguém quer se aproximar do altar, para a oração?" E nós levantamos.

Dave era um dos líderes de oração na nossa igreja. Ele estava diante do santuário, saudava os que se aproximavam e os acompanhava para elevar os seus pedidos a Deus. Quando ele pegou a minha mão, eu lhe disse: "Deus vai curar Alex".

Ele respondeu: "Eu sei que vai", como se isso não fosse novidade. "É sobre isso que você quer orar?" Eu disse: "Deus acaba de me dizer".

Nós começamos a conversar com Deus, e as pessoas começaram a nos acompanhar. Em algum ponto, houve um grito, vindo de umas oito filas de pessoas atrás de nós. "Vocês oraram contra o diabo?" Eu mal sabia que essa pergunta logo se tornaria a chave para a vida de Alex.

"Eu lhe disse que eles nos esmagariam", disse Aaron, depois que a oração terminou. Mas havia um grande sorriso em seu rosto.

Eu ri. "Vamos, lhe devo uma ida à lanchonete". Quando eu estava junto ao balcão, o homem que tomava nota dos nossos pedidos nos olhava atentamente. A situação estava ficando estranha, e finalmente encontrei o seu olhar, com uma expressão curiosa.

"Você não se lembra de mim, não é?", perguntou ele, com o olhar sério ainda no seu rosto.

Detesto quando as pessoas dizem isso. Sorrindo educadamente, eu apenas provei que ele estava certo. Ele continuou com o jogo de adivinhação, o que, naturalmente, tornou as coisas ainda mais desconfortáveis.

"Ora, vamos, você tem certeza de que não se lembra do meu rosto?"

"Sinto muito, há muita coisa acontecendo conosco. Você vai precisar me ajudar".

Ele disse: "O meu nome é Chris. Estive no local do acidente, ao lado do seu carro... com o seu filho. Eu orei para que ele ficasse bem".

"Isso é incrível! Você estava lá?"

"Sim, eu estava."

Olhei para ele, maravilhado com a grandeza de Deus. A lanchonete, em um domingo, não era uma parada planejada. Sem a orientação de Deus, eu poderia nunca ter encontrado Chris. De uma perspectiva humana, a vida é aleatória, e às vezes os acasos acabam bem. Mas sei que Deus colocou Chris diretamente no meu caminho naquele domingo.

+++ O acidente é algo em que eu não penso com muita frequência. Não é algo que você vivencia todos os dias — estar com alguém, quando você pensa que essa pessoa morreu.

Naquele domingo do acidente, minha família e eu estávamos trabalhando em nosso jardim. De repente, nós ouvimos o escorregar de freios, e um som que eu nunca esquecerei. Disse às meninas que ligassem para o socorro e comecei a correr em direção ao local do acidente. Quando cheguei ao banco traseiro, onde estava Alex, a sua cabeça estava pendurada, e ele não conseguia respirar. Eu queria desesperadamente ajudá-lo, mas sabia que não devia tocá-lo. Fiquei apenas conversando com Alex, e dizendo a ele que resistisse, que o socorro estava a caminho. E então eu o vi dar o seu último suspiro. Vi o seu corpo estremecer e quase relaxar, se esta for a palavra correta.

Afastei-me do local crendo que Alex havia morrido. Voltei para junto de minha esposa e filhas, e disse-lhes: "Nós precisamos orar por esta família e aquele menino, porque dentro de alguns dias acho que vamos ler o seu nome no jornal". Com base no que presenciei, senti que ele estava morrendo... ele estava indo para o Céu.

Chris Leasure, testemunha ocular do acidente, que chegou até o carro e junto de Alex antes da chegada de Dan Tullis +++

Chris olhou para baixo, para Aaron, com os olhos um pouco úmidos. "Esse... é ele?"

"Não", respondi gentilmente, este é o seu irmão mais novo, Aaron. Alex está no hospital, com uma infecção hospitalar. Mas ele está melhorando". Eu estendi a mão e peguei a dele. "Ele está melhorando porque pessoas como você oraram por ele. Muito obrigado, Chris. Muito obrigado por ter orado naquele dia. Deus atendeu você".

Deus não parece nunca terminar de nos surpreender com maravilhas e prodígios.

Defesa

Depois de passar algum tempo em casa, naquela tarde, fui para o hospital, onde passaria a noite com Alex. Os eventos daquele dia me voltavam à mente: Deus me dizendo que Alex ficaria curado; ser instruído a buscar a oração da igreja; a explosão de poder e fé que senti, quando todos impuseram as mãos sobre nós e nos apresentaram diante o trono de Deus; então, depois dessa experiência de oração, imediatamente encontrar um guerreiro de oração essencial, desde o princípio da jornada. Que dia assombroso! Eu mal podia esperar para contar tudo a Alex.

Estava animado quando, com um sorriso no rosto, entrei no quarto de Alex. No entanto, no momento em que o vi, o meu ânimo desapareceu. Alex parecia desesperado por me ver. Eu não conheci aquela expressão.

"Como está o meu garoto?", perguntei, examinando o seu rosto preocupado.

"Oi, papai", respondeu Alex, com a voz fraca. "Eu estou sendo atacado".

O sorriso desapareceu de meu rosto.

"O que?", perguntei. "O que você quer dizer, filho?"

Alex parecia pálido, esgotado, assustado. "O Diabo — ele está me atacando. Ele está dizendo coisas terríveis. Eu quero fazê-lo ir embora".

Senti um nó se formando no meu estômago. Alex nunca havia dito nada desse tipo antes.

"Oh, Alex, papai está bem aqui. E Deus está conosco também. Tudo vai dar certo".

Trêmulo, choroso e claramente sentindo dor, Alex olhou nos meus olhos e disse: "Eu não consigo dizer o nome dEle, papai".

"O nome de quem, Alex?"

A minha mente tentava entender o que ele queria dizer. Alex já havia dito o nome do Diabo. E então eu entendi.

"Jesus? Você está com dificuldades para dizer o nome de Jesus?"

Com os olhos desesperados, Alex disse sim. Uma sensação de pânico surgiu em meu peito. Esse era um território novo para mim. Eu queria ajudar. Eu teria feito toda e qualquer coisa para ajudar o meu filho, mas eu não sabia o que fazer.

"Alex", disse: "você gostaria de orar com alguém especial? Que tal Jay?"

Jay era um amigo nosso, um homem de oração, e um homem de sabedoria em questões espirituais. Ele realmente sabia como orar.

"Sim, papai, chame o Jay".

Jay atendeu rapidamente o telefone.

"Jay, é o Kevin. Ouça, tenho um problema com o Alex. Ele está sendo atacado pelo Diabo, e não consegue chamar Jesus. Você oraria com ele?"

"Claro que sim, vamos orar".

Seguirei o telefone junto ao ouvido de Alex, e em alguns momentos uma assombrosa transformação aconteceu, diante dos meus olhos. A tensão lentamente se dissipou e desapareceu. A cor lentamente voltou ao seu rosto. O temor em seus olhos, principalmente, desapareceu. Enquanto eu agradecia a Jay, e desligava o telefone, Alex sorriu. Ele olhou para mim e disse: "Eu consigo dizer o nome dEle agora. *Jesus. Jesus. Jesus!*"

Sorri, peguei a sua mão, e nós dissemos o nome de Jesus juntos várias vezes. Nenhum outro nome jamais teve som mais belo. Nós relaxamos, brincamos, e conversamos sobre bobagens durante quinze minutos, mas então as coisas se tornaram sombrias outra vez. O medo havia voltado para os olhos de Alex.

"Alex, você está bem? É a mesma coisa que aconteceu antes?"

Ele indicou que sim.

"Você quer que eu telefone de novo para o Jay?"

"Não, papai. Eu quero fazer isso com você".

"Tudo bem, Alex. Você e eu vamos começar a orar, certo?"

Durante aproximadamente uma hora, nós dois suplicamos a Deus, conversamos durante um intervalo, oramos um pouco mais, e depois conversamos um pouco mais. Às 22h15, Alex estava bem, de novo, e nós dormimos tranquilamente, juntos, no hospital.

Na manhã seguinte, o telefone tocou.

"Oi, Kevin, é o Jay. Quero lhe fazer uma pergunta. Houve algum outro ataque satânico contra Alex?"

"Na verdade, sim, houve", respondi. "Como você sabe?"

Ele perguntou: "E acabou às 22h15?"

"Foi exatamente nessa hora que acabou", respondi. "Diga-me o que está acontecendo. Como você sabe?"

"Depois que Alex e eu oramos, pelo telefone", disse ele, "senti que precisava continuar orando. Eu estava no chão, prostrado sobre o meu rosto, conversando com o Senhor. Intercedi por Alex, e orei contra Satanás, por pelo menos uma hora. Em espírito, olhei para cima, e vi os pés de Deus diante de mim. Olhei um pouco mais para cima, e vi que Deus estava assentado sobre o trono, segurando um cetro. Então, ouvi a sua voz dizendo, 'Está acabado'. Naquele momento, parei de orar, e fui para a cama. Eram 22h15".

+++

Alex me perguntou se eu estava zangado com ele, por ser tentado por Satanás, e eu lhe disse que o Diabo somente ataca pessoas que são uma ameaça para ele. Alex é uma gigantesca ameaça, e nós precisamos continuamente orar por ele.

PrayforAlex.com, postado por Kevin Malarkey em *9 de agosto, 2005*

Posteriormente, pensei sobre todos os acontecimentos daquele dia, desde a igreja, pela manhã, até a intensidade da batalha espiritual que encontrei no quarto do meu filho, no hospital. E se eu tivesse ignorado aquela voz fraca que me dizia que Alex seria curado, e que eu devia ir até o altar e pedir que a igreja orasse? E se a nossa amiga Mary Lou não tivesse sugerido que nós orássemos contra Satanás? Como resultado, nós tínhamos o poder da oração da igreja trabalhando em nosso favor quando houve o ataque satânico. Quando Jay, Alex e eu oramos, durante aquela hora, Deus finalmente disse: "Está acabado". E assim foi — naquele dia, pelo menos.

E se eu tivesse apenas dormido até tarde naquele dia? E se qualquer um de nós simplesmente tivesse ignorado os estímulos dentro de nós? E se nossos pensamentos estivessem em outra parte, ou se nos recusássemos a reconhecer o que era, claramente, a voz de Deus? A situação do meu filho estaria pior? Não conheço a resposta para essa pergunta, mas aquele dia me persuadiu sobre como é importante ouvir e obedecer, quando Deus chama.

Saindo da Estrada

Quando nós chegávamos à nossa casa, as nossas necessidades eram amorosamente satisfeitas, todos os dias, e não há melhor exemplo disso do que a maneira como os nossos amigos nos ajudaram a fortalecer a nossa "fortaleza" — a nossa "base".

Fazer com que Alex entrasse na casa ou saísse dela era algo problemático. Havia quatro degraus junto à porta principal, e três que conduziam à garagem. Mover Alex, por mais leve que ele estivesse, envolvia levantá-lo, e também à sua cadeira de rodas, aproximadamente noventa centímetros do chão.

Uma rampa era a solução óbvia, mas não conseguíamos imaginar onde instalá-la, nem como projetá-la, de maneira apropriada à distribuição da nossa casa. Nós também nos sentíamos um pouco desconfortáveis com a ideia de ter uma rampa permanente — isso parecia uma rendição, uma resignação à possibilidade de que Deus nunca curaria Alex. Nós concordamos com a rampa, mas a chamamos de uma "rampa para bicicleta". Afinal, não havia dúvidas de que os nossos filhos a usariam dessa maneira.

É aí que entra o nosso amigo Wayne.

Wayne teve uma visão criativa. Ele projetou um ângulo da casa até o passeio, à esquerda de uma grande árvore. Para ser usada de maneira segura com a cadeira de rodas, a rampa teria que ter um declive de 2,5 centímetros a cada 30 centímetros. O declive total, nós sabíamos, seria de um metro. Quando medimos, a extensão da rampa proposta por Wayne era *exatamente* 12 metros — como se Deus tivesse intervindo no projeto original da nossa casa, trinta anos antes, para possibilitar um lugar perfeito para a rampa. Creio que Ele fez isso.

Alex podia entrar e sair agora, sem que tivéssemos que carregar aquele peso. A próxima coisa que precisávamos era conseguir que ele descesse até o nível inferior da nossa casa. O problema era que o único acesso a esse andar era por uma escada em espiral. Como nós temos um porão com porta de entrada, fazia sentido construir uma calçada que se conectasse à rampa no passeio.

Nós pudemos nos divertir um pouco com a calçada, porque há poucas limitações sobre a maneira como você pode construí-la, em um ambiente rural. Nós rabiscamos os nomes das crianças e a data no cimento molhado. E então, como um toque final, Beth escreveu: "Para Deus todas as coisas são possíveis".

Nós acreditamos nisso, a propósito. Nós acreditamos que, um dia, Alex pisará exatamente sobre esse versículo, quando ele andar pela calçada.

Mas os problemas continuavam. Um amigo examinou o encanamento e ficou impressionado com o que encontrou. Os canos estavam em péssimo estado, e não havia sistema de filtração de água. Ele não conseguiria consertar o encanamento sem um sistema de tratamento de água, que custaria cerca de cinco mil dólares.

Suspirei fundo, ao pensar em outra gigantesca despesa. Aparentemente, eu não havia aprendido a lição. O amigo empurrou um pedaço de papel na minha mão. "Ligue para este número, e escolha o sistema que quiser", disse ele. "Não se preocupe com o preço".

"O que você está dizendo?", perguntei.

"Bem, eu orei sobre isso", disse ele, "e sinto que Deus está pedindo o meu cartão de crédito nesta despesa. Toda a quantia". Ele expressou a sua confiança de que Deus forneceria o dinheiro quando chegasse a fatura do cartão de crédito.

Foi outro belo presente, completamente essencial para as nossas necessidades, devido à terrível condição do encanamento da casa.

Nós fizemos uma reunião com a empresa e escolhemos o modelo básico. O nosso amigo, no entanto, não aceitou. Ele modificou o pedido para o modelo mais caro, com detalhes extras. Ele tinha confiança de que Deus queria que ele nos ajudasse. E, é claro, aconteceu que um cliente devolveu exatamente o mesmo modelo, sem uso, dois dias depois de comprá-lo, e nós recebemos a unidade devolvida, com um grande desconto.

Algumas semanas depois, eu estava sentado, em um culto na igreja. Dois dos três anúncios da manhã diziam respeito a Alex. O primeiro deles era uma simples informação atualizada sobre o seu progresso e um pedido para que as pessoas continuassem orando pela nossa família e nos ajudando. O segundo foi um relato detalhado do nosso encanamento. É humilhante ouvir cada desafio da sua família narrado diante de uma congregação. Uma das melhores provas da existência de Deus é o amor que vemos entre o seu povo.

O orador disse: "Como vocês sabem, os Malarkeys estão instalando um sistema para tratamento de água. Um amigo de Columbus pagou 4.200 dólares com seu cartão de crédito, e confiou que Deus lhe daria o dinheiro em trinta dias. Na sexta-feira passada, era o vencimento da fatura, e na segunda-feira anterior nós havíamos coletado apenas 1.300 dólares. Nós não anunciamos , mas simplesmente confiamos que Deus atenderia essa necessidade. Na sexta-feira, o total que havíamos arrecadado era de 5.200 dólares. A empresa foi totalmente paga, e quanto à diferença — Kevin, se você estiver presente hoje, por favor, procure o pastor depois do culto. Ele tem um cheque para a sua família, no valor de mil dólares".

Naturalmente, esse dinheiro foi outro presente de Deus, e foi usado para pagar contas e comprar coisas de que Alex precisava. Nós também finalmente pudemos comprar uma cadeira de rodas motorizada, que permitiria que Alex se movesse ao nosso redor, usando um controle que ele operava com o queixo. Depois que conseguimos comprá-la, Alex obteve uma autonomia de se mover sem ter que depender dos outros. Se ele quisesse ir para outro quarto ou até o fim da nossa entrada, agora, era possível.

Com a condição de que todos nós fôssemos cuidadosos, essa nova liberdade era algo maravilhoso para Alex.

Vamos Arrecadar!

Deus atendeu cada uma das nossas necessidades, e muito mais. Uma nas nossas necessidades mais básicas, no entanto, continuava sendo um malabarismo. O padrão da nossa vida familiar e os nossos desafios exclusivos faziam com que a nossa ida à igreja fosse, na melhor das hipóteses, difícil. Por mais que desejássemos poder ir aos lugares como uma família, simplesmente não conseguíamos.

Quando chegou outro domingo de Páscoa, e nós não conseguiríamos ir à igreja como uma família, me senti muito desencorajado. A Páscoa é o meu dia favorito no calendário, mas nós não tínhamos como levar Alex à igreja. A sua cadeira de rodas motorizada, grande como é, exige uma van com espaço suficiente e equipamento especial para prendê-la durante o transporte.

Enquanto eu estava em casa, na Páscoa, sentindo-me infeliz, o telefone tocou. Beth atendeu, e eu a ouvi dizer: "Oi, Suzanne".

Suzanne, uma terapeuta de fala, fez um teste de engolir para Alex, vários meses antes. Já fazia um ano que Alex já comia sozinho. Os médicos nos disseram que ele nunca seria capaz de fazer isso outra vez, devido à sua incapacidade de engolir. Assim, este era outro objetivo, outra área em que Deus falaria e abafaria as declarações dos médicos. Alex, Beth, e eu preparamos uma lista detalhada das cinquenta primeiras coisas que Alex comeria quando pudesse, sendo a primeira delas o molho do Sr. Sullivan. Ele é um amigo da família que faz um molho maravilhoso. Pus um pouquinho na língua de Alex, e então enxuguei. Esse fora um teste de engolir, ele passou, e isso fez de Suzanne uma heroína na nossa família.

Enquanto Beth continuava a falar com Suzanne, lágrimas começaram a escorrer pelo seu rosto. O que estava acontecendo? Beth estava chorando a respeito de um teste de engolir? Depois que Beth desligou, ela me explicou.

Suzanne havia contado a Robin Ricks, seu pastor, na Igreja Cristo Nosso Rei, que ela conhecia uma família que precisava de uma van. Naquela mesma manhã, antes que começasse o culto de Páscoa, o pastor Ricks subiu ao púlpito e disse: "Amigos, o Senhor falou comigo esta manhã, enquanto orava. Vocês querem saber o que Ele estava colocando em meu coração? É sobre um garotinho, que eu nunca conheci. O nome dele é Alex Malarkey, e ele foi gravemente ferido em um acidente de automóvel. Esse menino ama o Senhor, mas não pode ir à igreja sem o tipo de van que possa transportar a sua cadeira de rodas. Ele tem outros lugares aos quais precisa ir. Enquanto eu orava esta manhã, eu vi, a imagem de Alex olhando através da janela de uma van, enquanto ia adorar a Deus. Eu também tive uma forte impressão de que, embora eu dirigisse para cá esta manhã, não olharia através do para-brisa do meu próprio carro outra vez, até que eu prometesse ver o dinheiro arrecadado para que esse garotinho e a sua família tenham uma van. Para mim, está muito claro o que Deus espera que nós façamos esta manhã, como um ato de obediência. Vamos comprar para a família a van de que ela necessita".

Ele explicou que aquela oferta especial não substituiria a oferta regular da igreja — que teria o seu momento normal, e os fiéis dariam seus dízimos e ofertas. Os donativos para Alex seriam em separado. A oferta para a van começou, e depois de cinco minutos, um grupo de menos de quatrocentas pessoas havia arrecadado dezoito mil dólares. Nenhuma dessas pessoas havia conhecido Alex... pelo que eu saiba.

Exemplos de doações sacrificiais estavam em evidência por todas as partes, naquele dia. Eric, um jovem de quinze anos de idade, tinha trabalhado para amigos de seus pais, mas ainda não havia recebido o seu salário. Depois de ouvir o que o pastor Ricks disse, ele encontrou a mulher para quem fez o serviço, no salão da igreja, e pediu que ela fizesse o cheque, destinando toda a quantia ao fundo para a van. Houve muitas outras histórias de doação do coração. Quando aquele dinheiro chegou, nós ficamos completamente maravilhados, e ainda estamos agradecendo a Deus.

+++

Eu sempre conto como a Igreja Cristo Nosso Rei arrecadou o dinheiro para uma van em menos de trinta minutos no domingo de Páscoa. Eles nem mesmo conheciam o menino, nem haviam se dado conta de que o acidente havia acontecido diante da sua igreja.

Dr. William Malarkey,
pai de Kevin

Realistamento

Era divertido olhar pela janela e ver a nova van estacionada na nossa entrada. Que maravilhoso presente de Deus, por intermédio do seu povo. Beth e eu estávamos ansiosos por conhecer o pastor que ouviu a instrução de Deus. Aceitando o nosso convite para uma visita, ele veio à nossa casa. Em meio à nossa conversa, para nos conhecermos, fiz uma pergunta típica: "Onde está situada a sua igreja?" "No cruzamento da State Route 47 com a County Road 9". O meu coração falhou. "Foi ali que aconteceu o acidente, pastor". Ele arregalou os olhos. Talvez ele tivesse pensado que isso poderia ser algo estranho, algo que poderia nos causar sofrimento. Mas não foi, é claro. Nós não amaldiçoamos o lugar, mas o vemos como um lugar onde o plano de Deus fez uma assombrosa curva em nossas vidas — cheia de dor e lutas, mas destinada a glorificar o seu nome e, em última análise, abençoar a nossa família.

+++ Quando conheci Alex, eu percebi que ele era um garotinho, que tinha uma forte percepção de quem é Deus. Era realmente evidente que a sua fé era forte. Eu não me lembro de lamentar por ele. Enquanto eu me comunicava com Alex, senti a presença de Deus com ele, em seus sorrisos, em suas perguntas — e, rapaz, ele fez uma porção de perguntas.

Pastor Robin Ricks, Igreja Cristo Nosso Rei +++

O Pastor Ricks conversou com Alex durante algum tempo, e os dois se deram bem. Fiquei fascinado e (para ser honesto) um pouco intimidado pela maneira como eles conversaram a respeito do mundo invisível — o campo dos anjos e demônios e da batalha espiritual. Ficou claro que eles eram dois espíritos similares, que tiveram experiências naquele mundo.

Nós sentimos uma ligação impressionante com esse homem. Antes de deixar a nossa casa, ele perguntou se poderia orar conosco. Essa é a maneira usual de concluir uma visita pastoral. Mas não houve nada de normal na oração. O Pastor Ricks conversou com Deus com uma incrível intimidade, refletindo o relacionamento que ele tinha, claramente, com o Senhor. As suas palavras refletiam autoridade e humildade, ao mesmo tempo. Foi um dos mais assombrosos momentos de comunhão espiritual com Deus que já vivenciei.

Nós estávamos extasiados por ter um novo amigo em Cristo, especialmente alguém que poderia ficar ao nosso lado nas trincheiras da batalha espiritual. Nós só voltamos a ver o Pastor Ricks dois anos mais tarde, quando visitamos a Igreja Cristo

Nosso Rei, para uma atividade para as crianças, em uma tarde de sábado. No momento em que entramos na igreja, sentimos a presença do Espírito de Deus, de uma maneira palpável. Imediatamente, nós desejamos fazer parte daquilo, e antes de ir embora, naquela tarde, olhei para Beth e perguntei: "Você acha que nós vamos...?"

"Sim", ela respondeu, com um grande sorriso.

Na manhã seguinte nós comparecemos à adoração na Igreja Cristo Nosso Rei, e frequentamos os seus cultos regularmente desde então. Nós continuamos próximos da nossa "antiga" família da igreja — essas pessoas maravilhosas serão nossos amigos pela vida inteira — mas Deus nos estava empurrando à frente, realistando-nos em uma nova unidade, por assim dizer. Com o tempo, Deus nos coloca em diferentes ambientes, com diferentes grupos de pessoas. Penso que a dinâmica da Igreja Cristo Nosso Rei é exatamente o que Ele sabia que iria nos servir neste ponto de nossas vidas, quando nós tínhamos tantas necessidades. E, naturalmente, nós esperamos servir essas pessoas, como retribuição.

+++

Em 2008, perto do Natal, um grupo da Igreja Cristo Nosso Rei veio para instalar um novo piso no quarto de Alex. Em algum momento do dia, um dos trabalhadores se aproximou de mim, e disse: "Você não me conhece, mas nós nos vimos... há quatro anos".

A minha mente procurou localizá-lo.

"Nós já nos vimos antes?"

Ele estendeu a mão. "Dan Tullis," disse ele, enquanto apertava a minha mão e acenava com a cabeça. "Sim, mas você pode não se lembrar. Foi no dia do seu acidente. Não fazia muito tempo que nós havíamos chegado em casa, vindos da igreja, quando ouvimos o ruído ensurdecedor. Eu corri para o cruzamento, a apenas alguns metros da nossa casa. Quando cheguei, entrei no banco traseiro, ao lado de Alex. Orei por ele, e tentei consolá-lo, embora não soubesse se ele estava vivo. Fiquei ali até a chegada dos paramédicos. Ele não estava respirando, eu sabia".

"E você está aqui, agora, quatro anos depois, trabalhando em minha casa, e me contando essa experiência. E você disse que você era um membro da Igreja Cristo Nosso Rei, naquela época?"

"Sim. Quando a nossa igreja ajudou a comprar a van, eu não fazia ideia que ela era para vocês, até que você veio à igreja, alguns anos depois".

"Então nós temos congregado na mesma igreja há algum tempo, mas você nunca me contou esta história?"

"Este me pareceu o momento certo".

"Dan, muito obrigado pelo seu ministério a favor de Alex".

"Ok, meu irmão".

Agora, eu conhecia duas pessoas enviadas por Deus ao local do acidente, para orar por Alex, de maneiras extremamente surpreendentes, espantosas e inesperadas. Eu sirvo a um Deus espantoso!

A Linguagem Celestial

Quando é hora de dormir, nós sempre colocamos um lenço sobre o rosto de Alex. Ele gosta de dormir em total escuridão. Uma noite, depois que Alex já havia dormindo durante algum tempo, ruídos estranhos saíram de debaixo do lenço. Seria essa a maneira de Alex dizer "Você poderia abrir a cortina para mim, por favor?" Removendo o lenço, fiquei surpreso por ver que Alex ainda estava dormindo, mas os sons estranhos continuavam. Seria uma nova forma de ronco? Comecei a ouvir mais atentamente. Havia um padrão, uma cadência nos sons que ele estava produzindo, como um sonho distorcido ou murmúrios de outra língua.

Ele não estava sob nenhuma tensão perceptível, por isso não o acordei. Os murmúrios continuavam. Dez minutos depois, Alex abriu os olhos.

"Papai, eu estava falando com Deus, no Céu".

"É mesmo, Alex?", perguntei. "Isso foi bacana, porque nós podíamos ouvir você falando — e o som era estranho!"

"Você podia me ouvir?", perguntou ele, com surpresa.

"Sim, pareciam palavras, em uma língua que eu não conheço".

Alguns minutos depois, ele voltou a dormir, e os sons estranhos recomeçaram. Aaron, que tinha sete anos de idade, entrou no quarto. Um olhar para Alex, e ele começou a rir. Então ele percebeu que Alex estava dormindo.

Alex acordou outra vez alguns minutos depois, com Aaron sentado ao seu lado.

"O que você estava fazendo?", perguntou Aaron, um pouco inseguro.

"Eu estava conversando com Deus, no Céu", respondeu Alex. "Era outra língua".

Há pouco tempo, Alex fez outro anúncio surpreendente: "Há um espírito aqui, no quarto, mas não sei dizer de que tipo".

Desde que as suas experiências no outro mundo começaram, Alex sempre era capaz de distinguir um anjo de um demônio. Mas desta vez, foi diferente.

"Bem, com que ele se parece?", perguntei.

"Com você", respondeu ele.

Isso me pegou desprevenido, e eu ri. "Deve ser um anjo, então", disse, sorrindo.

Mas Alex não estava rindo. A sua testa estava franzida.

"Por que você não usa a sua linguagem do Céu e pergunta?", sugeriu Aaron.

Alex pensou por um momento, e então se virou para Aaron e disse: "Você promete que não vai rir?"

Aaron fez uma promessa muito solene. Eu assenti com a cabeça, espantado com essa conversa entre um menino de nove anos de idade e outro de onze.

"Você pode cobrir o meu rosto?", pediu Alex.

Pouco depois que Aaron colocou o lenço de volta sobre o rosto de Alex, a linguagem da experiência anterior, durante o sono, foi ouvida novamente. Ele continuou falando em sua "linguagem do Céu", como Aaron a havia chamado, e então ficou em silêncio. Depois de um momento, a voz normal de Alex nos pediu que tirássemos o lenço.

"Era um anjo", disse Alex. "Ele veio para me consolar. Ele tocou a minha cabeça".

Anjos Continuamente

Nós temos essas pequenas aventuras, de tempos em tempos, mas a presença de anjos tem sido uma constante realidade. Desde o acidente, diz Alex, os anjos têm guardado a nossa casa. Quando ele tinha cerca de oito anos — o período das maiores dificuldades físicas de Alex — havia um grupo particular de anjos que rodeava a sua cama, em nosso quarto.

Alex os conhecia a todos pelo nome, e conversava com eles. John, Vent, e Ryan eram nomes que ele mencionava. Uma reação típica, naturalmente, é observar que um menino em um respirador, que tem um irmão menor chamado Ryan, dará esse nome a seus amigos imaginários. Nós sabemos que as crianças criam amigos imaginários para ajudá-los a lidar com situações novas e difíceis. Passar horas tediosas em uma cadeira de rodas, sem o uso de nenhuma parte do corpo abaixo do pescoço, certamente inspiraria a imaginação de uma criança, como um mecanismo para lidar com a sua situação. Isso não poderia explicar essas curiosas aventuras com anjos, bem como os nomes, muito familiares, de modo suspeito? Debati-me com essas dúvidas durante muito tempo.

No final, se o que vemos, ouvimos ou lemos sugere credibilidade, devemos decidir se vamos crer ou não. Não cabe a mim convencer você. Mas, em justiça, aceitarei a veracidade das declarações de Alex. Da mesma maneira como você vê uma árvore balançando ao vento e sabe que há uma força poderosa por trás do movimento, também o olhar que vem do rosto de Alex, quando os anjos aparecem, revela que ele está em companhia poderosa, embora invisível.

Margaret, nossa amiga que estava no quarto do hospital quando nós nos demos conta, pela primeira vez, dos visitantes celestiais de Alex, escreveu estas palavras em nossa página da internet, depois daquela primeira e assombrosa experiência: "Eu gostaria que todos os que lerem estas palavras pudessem ver o rosto de Alex. Ele estava verdadeiramente radiante!"

Radiante como o rosto de Estêvão, cujo rosto estava tão brilhante como o rosto de um anjo, quando o Espírito Santo veio sobre ele (At 6.15). Os caminhos de muitas pessoas cruzaram os nossos durante esses meses e anos — cerca de cem pessoas estiveram presentes durante os tipos de experiências que eu descrevi. Não encontrei ninguém que duvidasse que Alex estava dizendo a verdade ou suspeitasse que ele estava delirando.

Certo dia, quando nosso amigo Laryn estava em nossa casa, jogando damas, eu perguntei: "Laryn, você ouviu Alex descrever as suas visitas ao reino celestial. Qual é a sua opinião honesta... sobre o que Alex narra?"

"Kevin, não tenho nenhuma ideia terrena sobre o que o menino está falando, mas o lugar mais profundo no meu coração que tem consciência de Deus *grita* quando os lábios de Alex de movem".

Essa é uma declaração impressionante, mas entendo precisamente do que ele está falando. A experiência de Alex é contagiante; você *sente* o que ele está dizendo.

É difícil descrever "você precisaria estar ali", e esperar que isso seja suficiente. Eu somente posso esperar que o Espírito de Deus se comunique neste livro, por intermédio das nossas palavras, para que você possa se imaginar no quarto, com o meu filho.

Nós acabamos crendo que há anjos com a nossa família, em todas as ocasiões. A Bíblia sugere que são anjos que nos guardam. Por exemplo, nós lemos "Porque aos seus anjos dará ordem a teu respeito, para te guardarem em todos os teus caminhos" (Sl 91.11). E Jesus disse, a respeito das crianças, "Vede, não desprezeis algum destes pequeninos, porque eu vos digo que os seus anjos nos céus sempre veem a face de meu Pai que está nos céus" (Mt 18.10). Um anjo protegeu Daniel dos leões (Dn 6.21, 22), e quando Pedro foi milagrosamente libertado da prisão, os seus amigos ouviram a sua voz, à porta, e disseram "É o seu anjo" (At 12.15). Está claro, na Bíblia, que os anjos frequentemente servem, ajudam e protegem as pessoas, mas não podemos ter a certeza de que existe um anjo da guarda, durante a vida inteira, para cada crente.

Nós observamos um padrão, no ministério dos anjos para a nossa família.

Quando a vida de Alex é calma, os anjos são silenciosos e discretos, se não completamente ausentes; quando Alex luta, a atividade dos anjos aumenta. Durante o seu primeiro ano em casa, quando nós íamos ao hospital e voltávamos muitas vezes, quase todos os dias havia conversas com anjos. Este padrão, na verdade, destrói a ideia de que os anjos são o produto da imaginação de uma criança entediada — os nossos anjos vêm com os problemas e a agitação. Todas as vezes que Alex esteve no hospital, ouvi sobre os anjos. Quando ele estava em casa e as coisas estavam bem, passavam-se semanas inteiras sem nenhuma menção do assunto.

Sei que nós temos mais coragem e menos ansiedade quando sentimos a segurança de que os anjos estão cuidando de nós. Nós nos sentimos fortes no Senhor.

Mas há também outros visitantes — e esses não são tão amistosos.

De Alex

Demônios

Não temos que lutar contra carne e sangue, mas, sim, contra os principados, contra as potestades,
contra os príncipes das trevas deste século, contra as hostes espirituais da maldade, nos lugares celestiais.

EFÉSIOS 6.12

Um dia, quis contar ao meu papai algo importante. Fiz com que ele me prometesse não ficar triste. Isso não é uma coisa triste, é uma coisa feliz, foi o que eu disse.

Depois que ele disse "tudo bem", contei que há dois dias que espero, mais do que qualquer outro dia em minha vida.

O primeiro é o dia em que eu vou morrer. Você entende, eu mal posso esperar para ir para casa. Não é que queira morrer agora, eu não estou triste.

Não é que eu esteja cansado de tudo e queira partir. Mas o Céu é a minha casa. Eu quero voltar para lá.

O segundo é o dia em que o Diabo irá para o lago de fogo. Mal posso esperar que ele vá embora para sempre.

Eu me lembro do Diabo me dizendo, no dia do acidente de carro: "O seu papai está morto, e é por culpa sua!" Ele é o pai da mentira, e estou muito feliz porque agora sei que ele é um mentiroso.

Às vezes, eu tenho visitantes que não quero ter — o meu pai conhece o tom da minha voz quando isso acontece, e ele vem orar comigo.

Mas nem sempre preciso que ele venha, porque ele me ensinou como orar. Os demônios vão embora quando ouvem o nome de Jesus. Papai me contou o que Jesus ensinou aos Seus seguidores: "Eis que vos dou poder para pisar serpentes, e escorpiões, e toda a força do Inimigo" (Lc 10.19).

Assim, eu digo: "Diabo — ou demônios — no nome de Jesus, deixem o meu quarto, e deixem esta casa. Pelo sangue de Jesus, eu ordeno que vocês saiam. Deixem-me em paz".

Certa vez, o meu irmão Aaron concluiu a minha oração com "Adeusinho, Serpente!"

Às vezes, o meu papai não sabe se os maus espíritos saíram do quarto — mas eu sempre sei! Há paz, outra vez.

Papai me pergunta como é estar perto de um demônio. Bem, é ruim, é assustador, e feio! Eles me acusam, trazem dúvidas, fazem com que me sinta triste, dizem que nunca serei curado e que Deus não irá me proteger.

Sei que essas coisas parecem ruins, mas também sei de uma coisa muito melhor: "Maior é o que está em vós do que o que está no mundo" (1 Jo 4.4). O meu Deus é verdadeiro, fiel e amoroso. Ele é perfeito!

Todos são curiosos sobre o Diabo, sobre a sua aparência. Eu não quero falar sobre isso. Ele é assustador! Mas eu posso lhe contar algumas coisas.

O Diabo é a coisa mais feia que se pode imaginar. Ele tem três cabeças. Todas as cabeças são iguais e têm cabelo, no topo, feito de fogo. Ele tem olhos vermelhos flamejantes, com labaredas no lugar das pupilas, e o seu nariz é desagradável e rasgado. Cada uma das cabeças diz mentiras diferentes, ao mesmo tempo. Ele fala comigo em inglês, mas a sua voz é estridente, como uma bruxa, e se transforma em sons diferentes.

É engraçado olhar para a boca do Diabo, que tem apenas alguns dentes podres. E eu nunca percebi nenhuma orelha.

O seu corpo tem forma humana, com dois braços muito magros, e duas pernas esqueléticas. Ele não tem carne sobre o seu corpo, somente uma matéria apodrecida. As suas roupas são rasgadas e sujas.

Eu não sei qual é a cor da sua pele, nem das suas roupas — é tudo assustador demais para eu me concentrar nessas coisas.

O meu papai perguntou se o Diabo assume formas diferentes quando o vejo. Não. Ele é sempre a mesma criatura assustadora.

Normalmente, ele vem sozinho. Às vezes, eu consigo vê-lo, mas normalmente apenas o sinto — e isso é suficiente! É difícil encontrar as palavras certas — ele é realmente indescritível.

Os demônios são habitualmente verdes. Eles têm cabelos feitos de fogo, e a sua roupa e a sua pele são exatamente como o Diabo. Os seus olhos são iguais, e os demônios têm longas unhas. Às vezes, um demônio vem sozinho, no entanto mais frequentemente que o Diabo, eles atacam em grupos.

Eu não presto muita atenção neles, nem olho com muita atenção, porque eles são muito assustadores. Quando são anjos, eu os conheço e sei os seus nomes, mas um demônio é como qualquer outro para mim.

O que eles fazem? Eles andam em meio às pessoas, contando mentiras.

Há uma guerra espiritual que nunca cessa — anjos contra demônios.

Às vezes, eu não consigo visitar o Céu, porque há uma grande batalha acontecendo.

CAPÍTULO 9

FINS E COMEÇOS

Eu gostaria de poder ver os seus olhos, ouvir a sua voz, e sentir a fragrância do Céu, ao redor desse menino e inocente, tudo isso envolto em algumas simples palavras que ele nos transmite, e a maneira como ele nos transmite.

O menino que voltou do Céu era o filho que nós conhecíamos, com algo a mais. Ele havia "deixado [o seu] corpo para habitar com o Senhor" (2 Co 5.8), e essa experiência o havia transformado para sempre. Nós demoramos algum tempo para entender.

Quando Alex voltou do coma, em janeiro de 2005, ele se incorporou gradualmente ao nosso mundo. Era como ver alguém sair lentamente de uma névoa que separava duas realidades diferentes. Ele estava presente, sem estar plenamente consciente. Como um bebê recém-nascido, ele teve que aprender como entender este mundo.

Com o passar dos dias, a mente de Alex começou a interpretar a informação que os seus sentidos lhe davam. A sua mente consciente estava voltando a funcionar. Ele aprendeu rapidamente a se comunicar, usando sinais rudimentares para indicar sim ou não. Logo ele conseguia formar palavras com a boca, o que lhe dava acesso a um mundo de ideias e expressões mais complexas.

Mesmo nesse ponto, por mais básicas que fossem as suas mensagens, ele nos indicava que havia estado em lugares e visto coisas que nós não podíamos imaginar. Ainda assim, muita coisa ainda estava além da sua capacidade de explicar.

Do nosso ponto de vista, o nosso filho era um menino de seis anos, adormecido, em uma cama de hospital. As nossas orações se concentravam simplesmente em trazê-lo de volta, em ver os seus olhos abertos, e em conseguir dizer a ele que o amávamos. Depois, sabendo que nós servimos um Deus amoroso, nós ousamos ter esperanças de que o Alex que nós havíamos criado, desde a sua infância, o nosso Alex único e reconhecível, voltaria para junto de nós.

Habitar no mundo invisível havia aguçado os sentidos espirituais de Alex, muito além do que é normal para um menino. Isso o deixou com um anseio vigoroso de estar com o seu Senhor e Salvador uma vez mais, em carne ou em espírito, e até mesmo lhe deu um novo senso de humor.

Mesmo antes que Alex se recuperasse do coma, as pessoas saíam do seu quarto, depois da oração, e nos diziam que haviam vivenciado algo espiritualmente poderoso, simplesmente por falar com Deus, ao lado de sua cama. Hoje muitas pessoas são transformadas por intermédio da vida de Alex. Ele nos transmitiu apenas um pouco do que viu e aprendeu, embora haja aspectos que ele ainda não comenta — em alguns casos, detalhes sobre o Céu que ele foi instruído a não divulgar.

+++ Fiquei impressionado com o quanto Alex está próximo de Jesus. Certo dia, seu pai, Kevin, me fez uma pergunta:

"Jami, eu não quero ser mal interpretado, mas... bem... estou começando a pensar que Alex tem uma espécie de dom profético. Sei que parece engraçado, mas..."

"Dom profético", interrompi, "você nem precisa me dizer. Há dois anos, ao sair da igreja, eu estava vestindo meu casaco. Vi Alex, em sua cadeira de rodas, do outro lado, e decidi cumprimentá-lo, nós conversamos um pouco, e então, quando me virava para sair, Alex disse, 'Jami, você deve ir para casa e ler Deuteronômio 18'.

"Está bem, Alex. Você pode me dizer por que eu preciso ler Deuteronômio 18?"

"Deus me disse que avisasse você de que o seu filho está voltando para casa". "Eu apenas olhei para ele, Kevin. Como ele podia saber de qualquer coisa a respeito do meu filho pródigo adolescente, que vivia em uma cidade diferente com o seu pai? Desejava muito que ele voltasse, e orava por ele constantemente. Com o sustento dele todo preparado, isso estava fora de questão, sem mencionar que ele *queria* morar com o seu pai. Mas ali estava Alex, dizendo-me que o meu filho estava voltando para casa. Foi um pouco chocante, mas, por outro lado, Alex diz uma porção de coisas surpreendentes. Despedi-me dele, e corri para casa e abri a Bíblia em Deuteronômio 18. O primeiro versículo fala do estabelecimento do sacerdócio dos levitas na nação de Israel por meio da tribo de Levi. Eu perdi o fôlego. Levi é o nome do meu filho pródigo adolescente. Duas semanas depois, meu Levi voltou a morar comigo".

Jami Kreutzer, uma amiga da igreja +++

No final de 2006 e início de 2007, Alex começou a nos contar mais coisas sobre anjos, demônios e o próprio Céu. Nós já tínhamos um entendimento básico da sua experiência — a sua viagem ao Céu, o seu encontro com seres espirituais, e assim por diante. Nós sabíamos que ele vivenciou o que é, normalmente, chamado de uma experiência de quase morte, e percebemos que ele não era a primeira pessoa a voltar com esse tipo de narrativa. Era verdade que Alex falou que via anjos durante o período em que saía do coma. E nós conhecíamos os milagres ocorridos: para começar, as vértebras no seu pescoço haviam voltado à sua posição normal, sem intervenção médica.

Nesse ponto, no entanto, o que nós sabíamos sobre todo o assunto era apenas a minúscula ponta de um imenso e impressionante iceberg. À medida que Alex recuperou a capacidade de se comunicar com palavras mais complicadas e com mais de uma sílaba, ele pôde nos contar. Por exemplo, o Céu não é o mundo "posterior": é *agora.* O Céu não está "nos céus". Está em toda a parte, e em parte alguma. Alex diz que é difícil explicar.

As nossas mentes terrenas se esforçam para entender um "lugar" que não é um lugar, e um "tempo" sem passado, presente nem futuro, mas apenas o eterno agora. A terra, o céu, o cosmos e o tempo — são coisas que Deus criou. Mas são o lar que Ele criou para nós, para interagir conosco, mas Ele não vive no espaço nem no tempo. O tempo acabará, e até mesmo este universo acabará. Mas Deus, os seus anjos, e todos nós, que aceitamos o seu presente, viveremos juntos, para sempre, no Céu.

No entanto nós não considerávamos esses eventos como particularmente incomuns. Para nós, o tempo, por si só, era incomum. Observar o nosso filho dormir por sete semanas - era incomum. O nosso cotidiano foi virado de cabeça para baixo, e, de certa forma, isso não *era* incomum — não para nós. Quando a vida sai do seu curso normal, nós tendemos a esperar o inesperado. Assim, o que estava acontecendo com Alex provavelmente era menos surpreendente para nós do que pode parecer para você.

Os anos que se seguiram à volta de Alex para casa, então, foram anos de fins e princípios — o fim do coma de nosso filho e da nossa dependência do hospital. Mas também o início de um novo e desafiador tipo de vida familiar. E, ainda mais, parecia o princípio da nossa consciência de um outro mundo, a poderosa realidade que continua a permear a vida de Alex.

Não Tenho Permissão para lhe Contar

"Não posso lhe dizer". Suponho que ouvi essa frase centenas de vezes durante os últimos cinco anos. Você entende, costumo incomodar Alex com muitas perguntas. Quem não faria a mesma coisa? Quando alguém da sua família afirma visitar o Céu, ver anjos e observar os demônios fugindo, desperta o seu interesse. Mas ele não aprecia perguntas que são feitas meramente para satisfazer uma curiosidade, e não para trazer uma aproximação a Deus. Sinto-me intrigado com os tipos de perguntas que Alex responde e os tipos que ele não responde. Os detalhes que ele nos fornece são, surpreendentes e imprevisíveis — sobre o Diabo ter três cabeças quando se manifestou diretamente a Alex, por exemplo, ou as asas dos anjos, que parecem "máscaras". Essas coisas não vêm de ilustrações de livros, filmes nem jogos de computador.

Meu filho sabe quais são os seus limites, e quais assuntos não deve revelar. Mas há outros motivos pelos quais ele prefere não falar. Alex sempre diz: "Papai, isso não é da minha conta".

Ele não quer dar muita importância ao que viu. Penso que, quando ele começou a nos contar as coisas, ele não fazia ideia do impacto que trazia sobre seus pais. Ele é um garoto tímido, e o que parecia a ele uma pedra atirada a um lago criou ondas que se espalharam por uma distância muito maior do que ele poderia ter esperado. Alex não aprecia a atenção.

E também está bastante ciente de que as outras pessoas não conseguem ver o que ele vê, e sei que o meu filho gostaria que elas pudessem. Suponho que deve parecer estranho, saber que ele tem os únicos olhos que podem ver certas realidades. Dizem que em terra de cegos, quem tem um olho é rei. Definitivamente, Alex tem uma visão que a maioria de nós não tem, mas não há nada em Alex que goste de ser "rei".

Quando tento conversar com Alex sobre coisas celestiais, quase sempre ele se sente pouco à vontade. Alguns assuntos, ele não tem permissão para comentar; em outras ocasiões, ele tem dificuldades para encontrar o vocabulário necessário. Pode ser difícil, para um menino, determinar o que está incluído naquelas áreas limitadas e o que ele pode revelar.

Outra razão pela qual às vezes Alex reluta em transmitir tudo o que viu no Céu é o fato de que ele sente que está contando a todos, de certa forma, o que está dentro do embrulho com papel enfeitado de seus presentes de Natal. Alex viu a manhã de Natal. Ele espiou os maravilhosos e brilhantes presentes, que têm uma etiqueta "Não abra antes do Natal" para todos nós. Ele não quer estragar a grande alegria que todos nós sentiremos quando chegarmos ao Céu e nos livrarmos de todas as fitas e papéis de embrulho.

Pensando sobre isso, eu perguntei: "E quanto a você, Alex? A sua experiência no Céu estragou alguma coisa?"

Um grande sorriso atravessou o seu rosto. "De maneira nenhuma, mal posso esperar para ir!" Esse dia maravilhoso atrai o seu coração com um magnetismo espiritual irresistível. Então argumentei que se o Céu é maravilhoso demais para estar estragado para ele, a mesma coisa poderia ser verdade, para todos nós. Então, por que, não *nos* contar o que há dentro de alguns desses embrulhos, antes do Natal?

Ele entendeu, e começou a ficar ligeiramente mais generoso com os seus detalhes. Mas alguns assuntos continuam confidenciais: os seus lábios estão selados, deste lado da eternidade.

Certo dia, quando conversávamos sobre os capítulos, Alex disse: "Papai, você tem certeza de que devemos, mesmo, escrever esse livro?"

"Bem, eu orei, Alex", respondi. "Mas se você não se sente à vontade, e se Deus não der a você um claro sinal para ir em frente, então não o publicaremos. Você não quer me contar qual é o problema?"

"Não quero que as pessoas pensem grandes coisas sobre mim".

"Bem, eu concordo com o seu ponto de vista, e, você sabe, não importa o que façamos ou digamos, algumas pessoas provavelmente agiram assim. O que temos a dizer, no entanto, estará encorajando outras pessoas. Nós queremos ajudá-las a pensar sobre Deus de novas maneiras, e queremos trazer honra e glória ao seu nome. Mesmo que algumas pessoas pensem grandes coisas sobre você, não valerá a pena se muitas, mas muitas delas, pensarem grandes coisas sobre Jesus?" Ele permaneceu em silêncio, evidenciando uma sensação contínua de desconforto. "Alex", comecei a falar, tentando ajudá-lo a ver o quadro mais amplo, "algumas pessoas da Bíblia também viram o Céu. Veja João, por exemplo. Ele viajou para o Céu e viu coisas assombrosas, voltou e escreveu sobre elas, para que milhões e milhões de pessoas lessem. As pessoas se sentem encorajadas quando leem sobre o Céu, porque conseguem ter um vislumbre da impressionante majestade de Deus e se lembram de que o Céu é um lugar real. Em Apocalipse 4, João nos conta sobre como ele viu anjos com seis asas..."

"Eu vi isso!", gritou Alex.

Eu pedi que ele me contasse mais... e você agora ouviu o seu testemunho, neste livro. Nós esperamos que ele traga a majestade de Deus, viva, para você, de novas maneiras, para que a sua vida possa continuar a crescer no discipulado em Cristo.

Alex sempre se alegra em descobrir que o que ele viu também está descrito na Bíblia. Naturalmente, Beth e eu sabemos exatamente o que Alex aprendeu sobre a Bíblia, uma vez que fomos nós que o ensinamos, desde que nasceu. E ele descreveu incontáveis detalhes sobre o Céu que nós sabíamos que ele não havia aprendido anteriormente. Por exemplo, nós nunca lhe ensinamos o livro do Apocalipse. Nós passamos o nosso tempo com Alex no Evangelho de João.

"Papai, eu sou apenas um menino!", diz Alex. "Não sei tudo o que está na Bíblia. Sei apenas o que Jesus me mostra".

As Viagens de Alex ao Céu Continuam

Talvez a esta altura esteja claro que Alex esteve no Céu várias vezes, mas a primeira viagem, no dia do acidente, foi diferente do que acontece agora. Na ocasião do acidente, Ele passou por um túnel de luz, e teve uma série de interações com os anjos e com Deus. Naquela ocasião, ele também pôde observar eventos na terra, como o que acontecia no local do acidente (mesmo depois que o helicóptero retirou o seu corpo do local) e no pronto-socorro, onde ele e Jesus observavam a sua operação. Ele se lembra das conversas a respeito de permanecer no Céu ou voltar para a terra. Muitos desses relatos parecem fantásticos, mas não são sem precedentes, no campo das experiências de quase morte ou de vida após a morte. Outras pessoas que foram ao Céu descreveram muitos detalhes similares às experiências dele.

As experiências de Alex têm, no entanto, uma grande diferença: ele ainda vai periodicamente ao Céu. Quando isso acontece? Principalmente durante o seu sono. Mas também acontece ocasionalmente, quando está acordado, na cama. Há certa regularidade na maneira como acontece a visita. Ele entra pelas portas e conversa com os anjos que estão de prontidão. Esses anjos normalmente estão conversando animadamente sobre o dia em que Jesus voltará à terra. E, como sempre, eles dizem a Alex que não tenha medo.

"Filho, por que os anjos sempre dizem a você que não tenha medo? A que você acha que eles estão se referindo?"

"Eu acho que eles estão falando sobre a glória de Deus".

Esta resposta é consistente com as Escrituras. Esses anjos poderosos sabem que estão falando com um ser humano, que não está acostumado com a glória de Deus, magnífica e sem filtros — o que a Bíblia chama de *Shekiná*. Certa vez, o Senhor concedeu a Moisés o seu pedido, de ver a espantosa glória de Deus. Mas Ele disse a Moisés que ficasse em uma fenda da rocha, quando a sua glória passasse, e Deus o protegeu com a sua mão. Moisés não podia olhar para o rosto do seu Salvador e continuar vivo. Quando Moisés desceu do Monte Sinai para se reunir com o seu povo, o seu rosto brilhava, com a glória de Deus refletida, e a Bíblia nos diz que quando os israelitas viram que "a pele do seu rosto resplandecia ... temeram chegar-se a ele" (Êx 34.30).

Considere os pastores que vigiavam seus rebanhos à noite, quando Jesus nasceu. "E eis que um anjo do Senhor veio sobre eles, e a glória do Senhor os cercou de resplendor, e tiveram grande temor" (Lc 2.9). Há muitas visitas de anjos registradas nas Escrituras, em que as pessoas se assustaram ao vê-los. Não é de admirar que os anjos do Céu estejam preocupados com a reação de um pequeno visitante à glória de Deus.

+++ Deus sabe como estender a sua graça para sustentar uma pessoa. Ele tem uma maneira de obter a glória de cada situação, e por isso eu não acho que seja impossível que um Deus amoroso, um Senhor Jesus Cristo misericordioso, toque a vida de uma criança e lhe mostre coisas.

Ao mesmo tempo, nós cremos que a Bíblia é infalível. A Palavra de Deus é a declaração final, e todas as coisas devem ser filtradas por ela. Assim, se Alex diz que viu o Céu, temos que examinar as Escrituras e perguntar: "Alguém já viu o Céu?" E se a resposta for 'sim', e uma vez que Jesus é o mesmo ontem, hoje e sempre, então pode ser 'sim' também hoje. E esta é a base com a qual avaliamos toda a revelação — quer sejamos céticos, quer sejamos crentes — avaliamos toda a revelação da Palavra de Deus. Se Deus já agiu assim antes, pode fazer de novo.

Pastor Robin Ricks, Igreja Cristo Nosso Rei +++

Em seguida, Alex entra no Templo e fala com o próprio Deus. Pelo caminho, ele pode falar com outros anjos, ou não.

"Alex, quando você se move no Céu?"

"Eu posso me mover sozinho ali. As minhas pernas funcionam perfeitamente no Céu", ele responde, sorrindo. "Na terra, eu não posso andar nem me mover, mas é diferente no Céu".

Como é maravilhoso saber que a graça de Deus oferece a Alex um lugar onde ele pode ter todos os seus movimentos restaurados, bem como um prenúncio da perfeição de que ele desfrutará um dia!

Mesmo no Céu, Alex não tem o corpo perfeito "ressurrecto" que Paulo escreve no Novo Testamento. Ele é um visitante que ainda tem o seu corpo terreno: ali ele está simplesmente livre das feridas humanas. Alex conjetura ansiosamente o dia em que estará no Céu para ficar, e finalmente receberá o seu corpo celestial.

Meu filho conversa com Deus até que o Senhor lhe diz que a visita terminou. Às vezes, há outros anjos presentes nas reuniões, e às vezes são somente Deus e Alex.

"Alex, você sente falta de Deus quando você está aqui?"

"Não, papai, é o oposto. Sinto falta de Deus quando estou *com* Ele, porque sei que vou me afastar dEle, e nunca quero partir. É como agora mesmo, papai. Você está se arrumando para ir trabalhar, e eu já começo a sentir a sua falta. É assim quando estou com Deus. Mal posso esperar quando eu puder ficar. Você não consegue imaginar como é estar com Deus, mas também saber que você terá que partir. É por isso que quando volto do Céu normalmente choro".

Alex também tem uma conexão crescente com o Céu na sua vida de oração. Há alguns anos, quando eu estava lutando com um problema em particular, fiz o que havia se tornado natural para mim: eu orei. Então, pouco antes de sair para trabalhar, perguntei a Alex: "Quando estiver orando hoje, você pode se lembrar de orar por mim?"

Alex olhou para mim, e disse: "Papai, estou sempre orando, porque parte do meu cérebro, por meio do Espírito Santo, está em constante comunicação com o Céu. A minha boca é para falar com as pessoas".

De imediato, a minha mente foi ao versículo na Bíblia que diz que devemos orar sem cessar (1 Ts 5.17). Sempre pensei que isso significava que devíamos orar *muito*, mas de alguma maneira, as palavras de Alex fizeram com que eu entendesse melhor a contínua natureza da comunhão à qual o versículo está nos incentivando.

+++

Todos têm um propósito, e o propósito de Alex é transmitir a Palavra de Deus... Eu perdi o meu companheiro durante algum tempo, mas valeu a pena, por causa de todas as pessoas que virão até Jesus.

Aaron Malarkey,
irmão de Alex

O meu Encontro com um Anjo

Graças a Alex, falar sobre a presença de anjos, demônios e o Diabo se tornou comum em nossa casa — dificilmente causaria espanto. Em meados de 2006, pensei que já havia visto e ouvido praticamente tudo a respeito do campo espiritual: nada poderia me surpreender. Nós sempre levávamos as visitas a sério, mas elas não mais despertavam espanto. Então, em uma tarde quente de verão, em 2006, Alex disse: "Papai, há um anjo em nossa casa, e ele quer falar com você".

Admito, fui pego desprevenido... outra vez, pela milésima vez. Sem saber como devia responder, eu ri, um pouco nervoso, e disse: "Espere um pouco, Alex, você que é o 'menino dos anjos', não eu!"

Alex olhou para mim, incisivamente, ignorando completamente a minha tentativa de fuga. "É o anjo João que está pedindo para falar com você".

"O nome dele é João? Você pode me contar algo mais sobre ele?"

"Bem, na verdade você já o encontrou, de certa forma. Ele ajudou os outros anjos a tirarem você do carro, quando nós sofremos o nosso acidente. Havia cinco anjos que carregaram você, e João era um deles. Ele foi o que segurou a sua cabeça".

"Eu não sabia disso, Alex. E ele voltou?"

"Não, na verdade, não, ele está aqui todo o tempo. Ele segue você muitas vezes".

Ainda um pouco nervoso, disse: "O que você espera que eu faça, Alex?"

"Procure o anjo, papai! Ele está aqui mesmo!"

"Alex, eu não consigo ver anjos da maneira como você pode". A experiência de Alex com os anjos é tão familiar que ele supõe que tudo seja fácil, esquecendo-se de que os outros não veem as coisas como ele.

Alex franziu a testa, e eu podia imaginar o funcionamento das suas engrenagens mentais.

"Papai, qual é a palavra que diz que você pode ver através de alguma coisa?"

+++

Eu aprendi com Alex sobre Deus.

Pastor Robin Ricks, pastor da Igreja Cristo Nosso Rei

"Humm... *transparente?*"

"Sim, papai, essa mesma. Apenas tente ser transparente no seu espírito. Então você verá o anjo".

É tudo o que eu preciso fazer, apenas ser transparente *em meu espírito.* Para Alex, era simples assim. Mas o que isso queria dizer? Eu lutava para entender o que ele estava tentando explicar, mas depois de alguns minutos de intensa concentração, tudo que vi foi o que qualquer pessoa com visão "normal" vê ao entrar em nossa casa — uma sala com mobília. Sentia-me descoordenado, espiritualmente. O meu filho não podia funcionar no mundo físico, mas eu tinha dificuldade em funcionar no mundo espiritual. Quem tinha a maior deficiência?

Uma grande sensação de desapontamento se instalou em mim. Aprendi a confiar em Alex quando ele faz esse tipo de declaração, mas alguma coisa estava impedindo que eu recebesse o que Deus tinha para mim.

"Alex, preciso tirar o lixo. Volto daqui a alguns minutos". Alex, que estava analisando o meu rosto, percebeu o meu desânimo. "Papai, não desista de ver João hoje, está bem?"

Alex sempre quis que Beth e eu entrássemos no campo espiritual com ele — que sentíssemos o que ele sentia, e que víssemos o que ele via. "Eu vou continuar tentando", disse eu, "farei todo o possível".

Levar as latas de lixo dos Malarkeys para a rua requer esforço. A nossa entrada está a aproximadamente 160 metros de distância. Depois de chegar ao fim da entrada, fiz uma pausa, enquanto o crepúsculo avançava. Era uma bela tarde. Fiz outra pausa e ouvi... um coro de grilos.

Eu estava realmente tentando, porque acreditava em Alex. Houve muitas ocasiões em que ele havia falado às vidas das pessoas, muitas vezes em que teve experiências diretas com anjos, muitos milagres, para duvidar que Deus tivesse aberto a Alex alguma rara janela para o campo celestial. Certamente, se um anjo tinha uma mensagem para me transmitir, eu precisava ter a capacidade de vê-lo ou ouvi-lo. Lentamente, elevei o meu coração e as minhas mãos para o Céu. "Deus, estou aqui. Se queres me dizer alguma coisa, por intermédio de um dos teus anjos, estou disposto a receber qualquer experiência que queiras que eu tenha".

Algumas pessoas são desafiadas fisicamente, eu devo ser desafiado sobrenaturalmente. Alex deve estar muito além de mim. Olhei de volta para a casa, respirando profundamente o ar da noite. Então, de repente, disse: "Eu ungi você com uma mensagem de esperança".

De onde veio aquilo? Um súbito calafrio percorreu o meu corpo, enquanto eu olhava ao meu redor. Não havia nada incomum para ver, mas alguém havia falado comigo, em meu espírito. Um tremor no meu espírito me deu a sensação de que havia mais. Como um sinal de rádio sintonizado à frequência correta, isso veio, a princípio, de maneira intermitente. O meu coração disparava dentro do meu peito. O Senhor estava me transmitindo diretamente a sua vontade. Comecei a correr pela entrada e irrompi pela porta. Corri desajeitadamente pela bancada e pela escrivaninha, procurando algo para começar a escrever:

Eu ungi você com uma mensagem de esperança...
para a igreja...
o corpo de Cristo...
e os que serão o corpo...
que Ele ressuscitará e o verão na sua verdadeira glória...
Esta é a mensagem do Senhor, que o anjo João lhe transmite.

Soltei a caneta e li o que havia acabado de escrever.

"Alex! Alex!"

Vendo o meu estado extasiado, Beth e Aaron vieram até a sala.

"Ele falou comigo... no meu espírito... no fim da entrada. O anjo João falou comigo, e me disse..." E então li em voz alta a mensagem que recebi.

Beth e Aaron ficaram maravilhados e surpresos, mas Alex não se surpreendeu nem um pouco. Se tivesse lhe dito que os anjos estavam cantando, ele teria tido a mesma reação — *não é grande coisa, isso acontece o tempo todo.* Eu estava extasiado, mas aquilo era comum para ele. Justamente quando nós estávamos nos aquecendo com o calor daquele crepúsculo espiritual, Alex disse: "Há ainda mais. Você precisa voltar para lá". Voltei ao mesmo lugar — eu não ia interferir em nada a respeito desta experiência. Depois de pouco tempo, a voz falou outra vez:

Fala de mim, por mim e sobre mim
Use Alex para mostrar quem eu sou
Eu o escolhi como uma tela na qual me mostrar
Eu sou a unidade, a Trindade, um círculo completo
A tua história levará a louvor e adoração, haverá chamadas para o altar
as tuas contas são a menor das minhas preocupações
Eu estarei contigo todos os dias da tua vida
Eu falarei contigo
Eu te guiarei
Eu estou em ti
Eu estou perto de ti, tu estás perto de mim
O meu amor é incondicional
A minha vingança não se aplica aos santos
Os meus apóstolos morreram por mim, tu morrerás por mim?
Eu sou o Alfa e o Ômega, o Princípio e o Fim.

De volta para a casa, escrevi a mensagem que receberá antes de correr para o quarto de Alex. Ele havia adormecido. A manhã parecia a dias de distância. Eu estava muito ansioso para contar a ele o que havia recebido. Quando finalmente Alex acordou, li para ele tudo o que escrevi.

Com indiferença, ele simplesmente disse: "Você recebeu tudo".

Tudo isso era rotineiro para ele, mas me sentia como se tivesse sido levantado, virado de cabeça para baixo e sacudido, até a minha própria alma. Não tive uma educação que aceita normalmente invasões sobrenaturais ao nosso campo físico; a minha peregrinação de fé era altamente conservadora. Mas até mesmo durante o processo de publicação deste livro, eu consigo ver que aquilo que o Senhor me revelou começa a se cumprir.

Talvez as conversas sobre outro campo, o espiritual, deixem você pouco à vontade. Neste caso, você está em boa companhia — eu também me sinto pouco à vontade. Uma coisa é que os outros tenham encontros sobrenaturais, mas é muito diferente quando você é a pessoa que participa deles. Nada, nem mesmo remotamente próximo dessa experiência, havia acontecido em minha vida. A minha mente tinha que lutar para acompanhar o meu espírito. Se você não tem um compartimento teológico arrumado no qual possa colocar todas essas coisas, não se preocupe, eu também não tenho. Elas são o que são. Estou simplesmente contando o que aconteceu. Felizmente, nós temos as Escrituras como um guia infalível para avaliar tudo o que vivenciamos.

Os Verdadeiros Anjos

+++

A fé do meu neto e do meu filho em Cristo criou neles uma capacidade que converte esta tragédia em uma história de significado e propósito maravilhosos para mim, a minha família e muitas outras pessoas.

Dr. William Malarkey, pai de Kevin

Embora algumas pessoas tenham dificuldade de considerar o campo espiritual, outras parecem ter uma fascinação pouco salutar pelas coisas celestiais. Isso pode se tornar uma maneira de evitar responder a Deus da maneira como Ele se revelou na Bíblia, ou fazer a obra de Deus nos dias mundanos e comuns que constituem as nossas vidas. Afinal, todos nós temos os nossos momentos em que gostaríamos de não ter que limpar o banheiro? Por mais amor que exista na minha família, há alguns dias em que eu gostaria de ser levado para longe dos meus deveres e me deitar em alguma praia ensolarada!

O céu, os anjos e os milagres são maravilhosos e fascinantes. Se, no entanto, tudo o que Alex e eu conseguimos foi propiciar uma emoção momentânea ao lhe contar o que estava acontecendo em nossas vidas, nós fracassamos miseravelmente. A Bíblia se manifesta claramente contra os que adoram a criação, e não o Criador. Da mesma maneira, se não tivermos cuidado, podemos nos tornar fascinados pelos mensageiros e deixar de prestar atenção ao Deus que os criou e enviou.

Os anjos não são pequenos e belos querubins que vivem nos ramos das árvores de Natal; eles são seres poderosos, criados para fazer a obra de Deus. A Bíblia descreve constantemente os anjos como mensageiros de Deus e agentes especiais, que entram no mundo físico para realizar as suas missões. A Bíblia também nos diz que devemos ser hospitaleiros, uma vez que poderá acontecer, um dia, de recebermos anjos sem perceber, como já aconteceu com outras pessoas (Hb 13.2).

Se eu puder oferecer uma humilde palavra de exortação, quero dizer o seguinte: o Inimigo é um enganador que se disfarça até mesmo como um anjo de luz. Todos nós precisamos estar vigilantes contra a falsa verdade. Qualquer coisa que não estiver de acordo com as Escrituras é falsa. Os anjos de Alex nunca operam fora dos parâmetros que encontramos nas Escrituras — a medida da autenticidade.

Você não precisa ver nem conversar com anjos para ter uma vida que glorifica a Deus. Não se perca na sua busca de significado, procurando uma experiência sobrenatural. Busque a Deus por intermédio de seu Filho, Jesus Cristo.

A esperança de Alex é que, depois de ouvir como Deus se revelou na vida dele, você seja atraído ao Único que fornece a verdadeira esperança.

De Alex

Eu ainda Visito o Céu

Depois destas coisas, olhei, e eis que estava uma porta aberta no céu.

APOCALIPSE 4.1

Não gosto muito de falar sobre o Céu. Gosto mais de contar aos meus pais às coisas que aconteceram quando eram experiências novas para mim. Eu estava extasiado por transmitir o que via. Sei que Deus tem um propósito para o meu acidente de carro, e para o que Ele me mostrou no Céu. Sei que tudo isso pode ajudar outras pessoas. Mas é difícil conversar sobre as coisas celestiais. Elas são mais difíceis de descrever do que as coisas da terra. Não tenho todas as palavras de que necessito.

Quando papai começa a me fazer perguntas, normalmente giro os olhos e tento chegar à última pergunta. Quando nós terminamos, espero um jogo de computador ou algum tempo, apenas para brincar com o papai.

Na noite passada, o meu pai me contou que às vezes Deus espera que transmitamos o que Ele nos mostra, e às vezes Ele quer que guardemos essa informação para nós mesmos. Ele me contou que o apóstolo Paulo foi instruído a não contar o que havia visto no Céu. Papai me contou que a João Deus disse exatamente o contrário, que ele devia contar o que tinha visto no Céu — ou pelo menos, uma parte.

Assim, me senti aliviado. Acredito que sou uma combinação de João e Paulo. Sei que preciso transmitir parte do que vi no Céu, e também sei que Deus me disse que não contasse sobre outras coisas. Posso contar aos meus pais algumas coisas que eles não podem contar a outras pessoas, e algumas coisas eu não posso contar nem mesmo a eles.

Deus sabe exatamente com o que consigo lidar. Ele sabe o quanto consigo entender, e Ele sabe o que terei muita dificuldade em evitar contar. Ele é perfeito.

Certa noite, o meu pai disse que ele acreditava que eu estava contando apenas cerca de 10% do que eu via no Céu. Isso me trouxe ao rosto um grande sorriso.

Ainda assim, eu não tinha certeza de que deveria contar tudo em um livro. Perguntei ao meu papai sobre isto, e disse a ele que não queria que as pessoas dessem demasiada importância a mim. Mas decidi que não há problema em contar algumas coisas porque, afinal, o Céu e os anjos são parte da mensagem da Bíblia. Espero que as minhas experiências levem as pessoas para mais perto de Deus.

Assim, vou lhe contar um pouco mais.

Quando visito o Céu, vejo anjos voando ao redor do trono de Deus. Eles cantam, enquanto voam.

Eu pensava que as duas asas acima dos rostos dos anjos fossem máscaras, mas depois, quando meu papai e eu conversamos, percebi que eram asas.

A Bíblia diz como o anjo Miguel está ao lado do trono, escrevendo o que as pessoas fazem na terra?

Sei que estou com Deus quando visito o Céu, mas você não pode ver Deus no seu trono — os anjos voam tão depressa que o bloqueiam da sua vista.

Ninguém pode ver o rosto de Deus; só mais tarde.

CAPÍTULO 10

O CAMINHO À FRENTE

Quando as pessoas me perguntam se a minha fé está abalada porque Alex ainda não foi completamente curado, a minha resposta é um confiante "não".
Os dois últimos anos trouxeram novos e assombrosos lembretes de que ainda estamos na palma da mão de Deus.

Depois de todas as nossas confiantes declarações sobre a total recuperação de Alex, não seria ótimo terminar o livro com uma história sobre como o meu filho despertou, certa manhã, milagrosamente curado, saltando da cama e correndo até o gramado do jardim para jogar futebol com Aaron ou subir em árvores com Gracie? Mas a realidade é mais complexa — e mais bela.

Embora os ferimentos de Alex o restrinjam, de algumas maneiras, ele tem os mesmos objetivos, sonhos e aspirações que qualquer criança cujo coração pertence a Deus. E ele tem a determinação de buscá-los!

O Novo Normal

Para Alex, isso significa trabalhar duro — um trabalho físico e mental — todos os dias. Alex é um jogador experiente. Beth faz com que ele passe por uma sessão de alongamento, todas as manhãs e todas as noites, para assegurar que os seus membros e o seu tronco continuem flexíveis. Beth cuida de toda a terapia de alongamento de Alex, e ela também limpa o tubo da traqueia durante cada sessão de alongamento. Duas vezes por semana, uma terapeuta física vem à nossa casa para fazer com que ele realize diferentes movimentos com o corpo, usando uma variedade de equipamentos sofisticados, alguns dos quais simulam um caminhar.

Nós ensinamos nossos filhos em casa, como havíamos começado a fazer, mesmo antes do acidente. Alex adora ler e passa parte de cada dia em diferentes aulas, em um curso livre pela internet. Ele usa a boca para controlar um mouse, enquanto navega pelas suas aulas de matemática e outras disciplinas. O acidente fez com que Alex perdesse um ano, academicamente, mas ele já o recuperou e agora está no nível escolar correto.

Alex adora ir à igreja, e até mesmo canta no coro. Se ele estiver bem e em condições de comparecer, nas manhãs de domingo você o encontrará na Igreja Cristo Nosso Rei. Ele é altamente sociável e nunca perde a oportunidade de interagir com pessoas. Alex adora repartir, e tem a reputação de sempre dizer a última palavra!

Ele consegue operar a sua cadeira de rodas, movendo o queixo. Ele adora brincar de chicotinho queimado e esconde-esconde. (Normalmente, ele é quem procura, mas quando é a sua vez de se esconder, nós o disfarçamos com cobertores e travesseiros em um lugar pouco visível). Ele também adora jogos de computador. Aaron e eu somos as "mãos" e Alex é o "cérebro" quando nós jogamos: "Vire aqui; não, diminua a velocidade! À direita, siga à direita!" Alex também brinca com armas Nerf. Nós o vestimos com óculos de proteção, e um protetor para o peito, e colocamos uma arma Nerf no seu colo, e ele tenta atropelar os outros jogadores com a sua cadeira de rodas.

Como já mencionei, Alex é entusiasta por esportes, e não fica atrás dos mais bem informados. Ele é um feroz defensor dos seus times favoritos, e nunca perde um jogo. Quando Alex ouviu que o presidente Obama havia escolhido Georgetown para aborrecer os Bucks no torneio de basquete masculino de 2010, ele teve uma ou duas coisas a dizer sobre isso. Mas o que você poderia esperar de um menino cujo pai manipulou o sistema para que o seu filho nascesse no quarto de hospital com a melhor vista para o estádio dos Buckeyes?

+++ Quando há problemas — e "muitas são as aflições do justo" (Sl 34.19) — Deus nos dá a sua graça, na proporção das nossas necessidades. Jesus Cristo ajuda graciosamente todos os que confiam nEle.

Penso no que o apóstolo Paulo disse, depois de relacionar algumas coisas que havia suportado — ele passou um dia e uma noite no abismo, esteve entre falsos irmãos, foi espancado — mas então, ele disse: "De boa vontade, pois, me gloriarei nas minhas fraquezas, para que em mim habite o poder de Cristo" (2 Co 12.9). Por que Paulo se gloriaria em suas fraquezas? Porque é ali que o poder de Deus habita nele. Por meio das suas provações, uma maior medida da graça do Senhor se realizava.

E então, a verdadeira pergunta não é: Como é estar em uma cadeira de rodas? A pergunta é: Como é Deus, quando você está em uma cadeira de rodas? Esta é a verdadeira pergunta, porque Ele realmente dá graça abundante.

Pastor Robin Ricks, Igreja Cristo Nosso Rei +++

De vez em quando, alguém pergunta a Beth ou a mim: "Como você consegue? Eu nunca poderia fazer isso". Bem, quando Deus lhe dá algo para fazer, você simplesmente faz. O que pode parecer estranho para outra pessoa é normal para nós. Cada um de nós, de uma maneira ou outra, terá que encarar um novo "normal", em algum momento da vida. Quando nós aceitamos esse novo normal e prosseguimos, podemos ser muito mais felizes.

Em certo nível, então, a nossa família desenvolveu novos ritmos diários, e nós temos brincadeiras e alegrias, tanto quanto qualquer outra. Mas não significa que nos resignamos às coisas como estão agora. Deus ainda está em ação, realizando os seus propósitos nas nossas vidas e na de Alex. Os dois últimos anos trouxeram novos e assombrosos lembretes de que ainda estamos na palma da mão de Deus.

St. Louis

Como a história de Alex continua a se desenrolar, podemos apenas agradecer a Deus pelo contínuo interesse e apoio que lhe permitiram fazer grandes progressos. Beth fez uma imensa pesquisa a respeito da evolução de Alex. Era um sonho muito antigo conseguir que o aceitassem no Kennedy Krieger Institute (KKI), em Baltimore para o seu programa de duas semanas. KKI é a melhor instituição do mundo para o tratamento de crianças como Alex. O instituto oferece o mesmo tipo de terapia e tratamento que Christopher Reeve recebeu. Mas sempre havia um grande obstáculo — o preço de quinze mil dólares para o tratamento. Esta não é uma grande soma para Deus, mas para nós era uma montanha alta demais. Se Alex fosse ao KKI, Deus teria que prover.

Em meio à sua pesquisa, Beth conheceu Patrick Rummerfield, que trabalha para o Centro Internacional de Lesões na Medula Espinhal, no KKI. O interesse de Patrick na pesquisa sobre a medula é pessoal: em 1974, ele sobreviveu a um acidente de automóvel, mas ficou tetraplégico. Ele trabalhou muito com terapia física e acabou recuperando o uso completo dos seus membros. Na verdade, ele é o único tetraplégico completamente recuperado do mundo. Hoje em dia, Patrick corre em maratonas por todo o mundo. Beth tem trabalhado intensamente para conseguir que Alex vá ao KKI, desde pouco tempo depois do acidente, e Patrick tem trabalhado com ela desde o princípio.

Em julho de 2009, o sonho do KKI se tornou uma realidade, graças à realidade de muitas pessoas. O primeiro é Eric Westacott. Em 1993, Eric escorregou para a base, durante um jogo de "softball" na faculdade, e ficou tetraplégico. Isso não o deteve. Hoje, ele é um advogado e também o presidente da Fundação Eric Westacott. Ele dirige o seu próprio carro, trabalha em tempo parcial e, o que é mais importante, é um fantástico ser humano. A sua perspectiva é poderosa, e a maneira como ele trabalha incansavelmente pelos outros é verdadeiramente inspiradora. Todos os anos, a fundação de Eric realiza um torneio de golfe, em St. Louis cujo único propósito é levantar fundos para a pesquisa sobre a medula espinhal. Em 2009, a renda do torneio foi destinada para os esforços de reabilitação de Alex, especificamente para enviá-lo ao KKI.

Eric e Patrick trabalharam juntos para realizar o torneio de golfe e um leilão por Alex. A Fundação Eric Westacott enviou o dinheiro necessário para que a nossa família fosse a St. Louis por uma semana. Foi emocionante, para todos nós. Nós não havíamos viajado nem passado nenhuma noite fora de casa, juntos, desde 2004. Nós viajamos no carro pago pela nossa igreja, puxamos um reboque que nos foi emprestado por uma família cujo filho, que sofria de uma lesão na medula espinhal, havia morrido recentemente, e viajamos com o dinheiro fornecido pela Fundação Westacott.

Quando chegamos a St. Louis, Eric e Patrick nos deram as entradas para um jogo de beisebol dos Cardinals, que aconteceria no dia seguinte. Alex e Aaron adoram beisebol. Foi a primeira vez em que tivemos a oportunidade de levar Alex a um jogo. Foi muito divertido. Fomos duas horas antes, para ver o treino de rebatimento, e fizemos o possível para quebrar o recorde de gastos em um único jogo!

No sábado, fomos para o décimo sexto torneio anual EWF de golfe clássico. Vêm pessoas de todo o país para participar. Nós não tínhamos nenhuma conexão direta com nenhuma dessas pessoas. Foi comovente ver todo o esforço para ajudar Alex.

Durante o banquete e o leilão, nós nos divertimos observando amigos que tentavam dar lances, um superior ao outro, para ajudar Alex. Alex foi apresentado, e foi aplaudido em pé, e Patrick e Beth fizeram breves discursos. Finalmente, foi trazido um cheque gigantesco, que foi entregue a Alex. A Fundação Eric Westacott havia arrecadado o dobro do valor necessário para uma estadia de suas semanas no KKI. Alex agora poderia ir para duas estadias separadas, de duas semanas.

De certa forma, minha família e eu éramos espectadores naquela noite. Nós éramos os beneficiários dos esforços da fundação, mas nós estávamos, verdadeiramente, entre estranhos. Era espantoso, para mim, que pessoas que nem mesmo nos conheciam pudessem ser tão generosas. As suas atitudes eram consistentes com a bondade que havíamos recebido da igreja. Deus pode usar qualquer pessoa para os seus propósitos. Jesus sempre se manifesta, em cada situação, se apenas estivermos dispostos a crer.

Além de todos os seus esforços com Eric e a sua Fundação, Patrick também contatou a Fundação de Christopher e Dana Reeve e lhes pediu que ajudassem de outra maneira. Durante vários anos, nós tentamos adquirir uma bicicleta especial para reabilitação para Alex. Lorraine Valentini, uma campeã de ciclismo dos Estados Unidos, e seu marido, Chris Reyling, doaram exatamente a bicicleta que Alex necessitava à Fundação dos Reeve. A bicicleta RT300 de Simulação de Estímulos Elétricos (FES) é projetada para enviar impulsos elétricos a eletrodos colocados nos músculos da pessoa, fazendo com que os músculos se contraiam e, basicamente, se exercitem. Patrick foi extremamente útil para adquirir esta bicicleta para Alex. Novamente, a generosidade era espantosa, e o nosso Deus, impressionante.

O Despertamento Sobrenatural

O despertar sobrenatural de Alex para a mais poderosa e pacífica realidade que alguém já conheceu aconteceu quando ele tinha apenas seis anos de idade. Desde então, a sua experiência tem sido como a de um personagem, em um filme, que desfruta de um banquete celestial somente para ser lançado de volta, a cada vinte minutos, a cenas da vida familiar e grandes dificuldades físicas — antes da cena final, quando tudo se completa!

Deus deu a Alex a graça especial de fazer a sua própria peregrinação, criando um relacionamento incomum, belo e puro com o Espírito de Deus. O corpo de Alex não está como nós gostaríamos que estivesse, mas o seu espírito está muito além do que jamais poderíamos ter imaginado quando oramos, no seu nascimento, para que o nosso filho pudesse andar perto de Deus.

Não me entenda mal. Isso não quer dizer que Alex é algum tipo de santo do outro mundo. Longe disso, às vezes. Ele é um menino normal de doze anos de idade, que gosta de brincadeiras e esportes, que às vezes desobedece à sua mãe e ao seu pai, e que está em uma cadeira de rodas.

+++ Uma conversa com Alex pode mudar completamente a mentalidade e a perspectiva de vida de uma pessoa. Este é um testemunho de como Deus está operando grandes coisas na sua vida, e com a sua paixão pessoal por Jesus. Tive conversas com esse jovem que me fizeram sentir que a minha fé está atrás da fé do incrédulo Tomé! É uma fé inspiradora! No entanto, por mais profundo que Alex seja — e eu poderia passar o dia inteiro conversando com ele sobre Deus e o que ele vivenciou — é revigorante saber que Alex age como qualquer outro menino de doze anos, e que precisa de correção, e todo o resto.

Will Zell, pastor responsável pela evangelização, Igreja Cristo Nosso Rei +++

O Super-Homem e a Cirurgia

Em 2003, o Dr. Raymond Onders, cirurgião e pesquisador mundialmente famoso instalou um pequeno aparelho em Christopher Reeve que lhe permitia respirar sem um respirador. Em janeiro de 2009, foi marcado que Alex faria a operação que muitos chamam de "A Cirurgia de Christopher Reeve".

Christopher Reeve abriu o caminho para os adultos. Alex abriria o caminho para as crianças, uma vez que ele seria a primeira criança do mundo a passar pela inovadora operação do Dr. Onders. A operação envolve um implante de um pequeno aparelho que permite que pacientes paralisados respirem sem um ventilador, estimulando os músculos e nervos que passam pelo diafragma. Em junho de 2008, a Food and Drug Administration (Ministério da Saúde e do Consumo dos Estados Unidos) - FDA - aprovou o uso do aparelho para adultos. O Hospital Universitário de Cleveland obteve permissão especial do FDA para realizar a operação em Alex.

+++

Sr. Matt, quando o senhor e o meu pai se encontrarem com o pessoal da editora, digam a eles que sou apenas um menino normal, e não deixem de dizer a eles que sou teimoso.

Alex Malarkey, falando com Matt Jacobson, agente literário de Kevin e Alex Malarkey

Pouco antes da cirurgia, nós recebemos um telefonema do departamento de relações públicas do hospital, a respeito da possibilidade de que alguns meios de comunicação cobrissem o procedimento. "Certamente", concordamos, imaginando um informativo à imprensa ou talvez uma reportagem local. Certamente nós poderíamos conceder uma rápida entrevista, depois de tudo o que estava sendo feito por nós.

Nós subestimamos a atenção que a cirurgia de Alex despertaria nos meios... só um pouco.

Beth, Alex, e eu chegamos a Cleveland na noite anterior à cirurgia, para cuidar de todo o trabalho preliminar no hospital. Nós começamos a preencher os papéis e a fazer os testes pré-operatórios. Não demorou muito, e vários repórteres vieram do jornal *Plain Dealer* de Cleveland, e algumas emissoras de televisão. Nós conversamos com os repórteres, mas por algum motivo nós não nos perguntamos: *Por que a imprensa está chegando na noite anterior à cirurgia de Alex?*

Na manhã seguinte, eu folheei as últimas páginas do *Plain Dealer* para ver se havia algum artigo. Não tendo encontrado nada, dobrei e coloquei o jornal sobre o balcão, antes de pegá-lo outra vez. Havia uma ampla reportagem sobre Alex, na primeira página do jornal. Na primeira página? Ele nem mesmo havia feito a cirurgia! Era um artigo bem elaborado, embora todas as referências que fizemos a Deus na entrevista tivessem sido removidas. (O escritor mais tarde me pediu desculpas pelo o ocorrido. A cópia original que o repórter entregou ao jornal tinha a entrevista real, como havia ocorrido. Um editor do jornal removeu as referências a Deus. Espero que ele ou ela leia este livro!)

+++

Christopher Reeve abriu o caminho. Chris teve a coragem de ser um dos nossos primeiros pacientes e abriu o caminho para um sistema laparoscópico bem-sucedido, que visava dar ritmo ao diafragma de pacientes externos, com um programa para libertar os pacientes do respirador em casa.

Dr. Raymond Onders, citação em www.synapsebiomedical.com/news/reeve

Quando estávamos seguindo para o hospital, mais tarde, naquela mesma manhã, fiz uma curva errada. Isso retardou a nossa chegada por alguns minutos e deu à multidão dos meios de comunicação mais tempo para se congregar. Quando passamos pelas portas na área pré-operatória, descobrimos que havia cerca de vinte pessoas com complicados sistemas de iluminação e que já haviam instalado seus equipamentos, prontas para começar a filmar. A manhã começou com uma sessão de entrevistas pré-cirúrgicas com Beth, o Dr. Onders, e eu. Em certo momento, fui ao salão para conseguir uma xícara de café.

Tão logo entrei, uma mulher me disse: "Cleveland está orando pelo seu filho". Fui pego de surpresa, novamente, sem me dar conta do intenso interesse na cirurgia de Alex.

"Oh, sinto muito", disse ela. "O senhor sabia que vocês estavam em todos os programas noticiosos da manhã?"

"Não, eu não sabia".

"Bem, pois estavam. Todo mundo está falando a respeito. A minha igreja mantém Alex em suas orações".

Em meio a toda a atividade dos meios e os assuntos gerais que diziam respeito a uma importante cirurgia, eu mantinha a minha atenção em Alex. Pude ver que, depois da preparação para a cirurgia, ele estava se sentindo um pouco nervoso. O Dr. Onders percebeu, também. Ele é um profissional perfeito, que está em grande sintonia com os seus pacientes. Logo, Alex e o Dr. Onders estavam conversando sobre futebol. Alex deixou claro que os seus Steelers eram melhores do que os Browns do Dr. Onders. Minutos depois, Alex foi levado à sala de cirurgia.

Beth e eu não pudemos ir além de determinado ponto, mas um homem com uma câmera pôde entrar. Ele filmou toda a cirurgia, enquanto membros dos meios de comunicação se reuniam no corredor. Beth e eu demos entrevistas durante grande parte dos noventa minutos em que Alex esteve fora do nosso alcance. Na verdade, foi uma maravilhosa distração para nós. Ocupados com intermináveis perguntas dos repórteres, nós tivemos pouco tempo para nos preocupar com o nosso filho. Já perto do fim da cirurgia, percebi que uma das repórteres estava sozinha, orando. Beth e eu fomos até ela, e nós três começamos a orar juntos.

Finalmente, as pessoas começaram a deixar a sala de cirurgia, e pouco depois Alex foi tirado de lá. Ele parecia bem, com exceção do fio elétrico que saía da parte superior do seu peito, ao qual o aparelho externo seria conectado. Parecia um pouco estranho ver o nosso filho conectado à corrente elétrica!

Estávamos ansiosos por ter notícias do Dr. Onders e ouvir a sua perspectiva sobre a cirurgia.

"Tudo correu muito bem. A cirurgia foi um sucesso", começou ele. "Na verdade, quando eu prendi o aparelho para fazer um teste na sala de cirurgia, Alex respirou tão profundamente, que quase explodiu o peito! Normalmente, nós testamos o sistema por cinco minutos. Com Alex, nós o testamos durante quinze minutos completos. Tudo correu muito bem".

Nós estávamos extasiados.

Alex foi levado à área pós-operatória, onde os repórteres esperavam ansiosos. Mesmo antes que Alex tivesse recuperado a consciência, vários locutores transmitiam reportagens ao vivo para suas organizações. Beth e eu ficamos sorrindo, ao lado da cama, obedientemente seguindo as nossas instruções para ficar olhando para Alex, enquanto o repórter falava sobre ele.

Com as câmeras operando, o Dr. Onders foi até Alex e disse: "Durante todo o tempo da cirurgia, eu estava dizendo 'Avante, Browns!'"

Alex ainda não havia recuperado completamente a consciência. Ainda assim, ele estava lúcido o suficiente para sussurrar, com uma voz fraca: "Os Steelers estão nos jogos de desempate, e não os Browns".

Assim é Alex — sempre rápido para voltar, ainda que somente parcialmente consciente!

Na agitação da atividade dos repórteres, não sabíamos o que vinha a seguir, e por isso ficamos um pouco surpresos quando apareceu uma programação em nossas mãos — a programação das nossas aparições nos meios de comunicação. Alex precisaria de várias horas para se recuperar; e nesse ínterim, nós daríamos entrevistas. Não foi o que havíamos concordado em fazer? Associated Press às 14:00, o *Plain Dealer* de Cleveland, às 14h30, etc. Eu tive que me perguntar. O que era mais estranho: que (a) a cirurgia para ajudar o meu filho a respirar sozinho fosse um procedimento externo, ou (b) nós estávamos sendo liberados do hospital com base na nossa programação com os meios de comunicação?

As entrevistas correram bem, mas não sem, pelo menos, um momento estranho. Uma repórter de televisão pareceu encantada com a oportunidade de ter uma entrevista direta com Alex.

"Então, Alex, agora que o seu respirador pode ser removido de vez em quando, e você pode respirar com esse novo equipamento, você se sente normal?"

Alex olhou para ela intensamente, com uma expressão confusa se espalhando pelo rosto.

"O que você quer dizer?" Ele fez uma pausa, por um momento, e continuou: "Eu *sou* normal".

A repórter ficou mortificada por ter entrado em território proibido, e pediu muitas desculpas. Alex passou os poucos minutos seguintes procurando fazer com que *ela* se sentisse melhor.

Outro repórter da Associated Press ouvia enquanto a sua entrevista foi concluída com o meu filho semiconsciente divagando sobre os Steelers de Pittsburgh. O repórter não parecia se importar. A seguir, ele disse algo que me surpreendeu. "O senhor deveria escrever um livro".

"Você acha mesmo?"

"Sim, acho".

"Você tem algum conselho específico sobre o processo?", perguntei.

"Sim. Trabalhe duro e nunca perca a coragem. Isso é tudo".

Bom conselho, para praticamente tudo na vida, pensei. Foi neste dia que tomei a decisão de escrever um livro sobre Alex e as suas experiências. Eu já havia pensado sobre isso antes, mas o encorajamento daquele repórter da Associated Press foi o princípio do livro que você tem na sua mão agora.

A seguir, nós demos mais uma entrevista para um jornal, e seguimos para a van. Acompanhando-nos, a repórter desta entrevista nos garantiu que incluiria aspectos da nossa fé em sua reportagem, porque ela sabia que era uma parte integral da história.

O grande artigo sobre Alex foi publicado no jornal no dia seguinte — longas colunas, e várias fotografias excelentes. Deus...? Não, Ele não foi mencionado.

Nós começamos a voltar ao hotel, e o telefone tocou. Era a minha mãe.

"Ei, mamãe, que bom ouvir você. Tudo correu muito bem. Alex é um campeão".

"Sim, eu sei", disse ela. "Alex parece muito bem".

"Você está a 300 quilômetros de distância. Como você sabe que Alex parece bem?"

"Oh, as imagens da cirurgia e do pós-operatório estão por toda a internet. Ele realmente parece muito bem. Talvez, quando voltar ao hotel, você possa procurar Alex no Google, e ver do que estou falando".

Isso não mostra bem os tempos em que vivemos? Nós nem mesmo havíamos chegado do hospital, e os meus pais, a centenas de quilômetros de distância, viram o que aconteceu na sala de cirurgia, antes de mim. Realmente procurei Alex no Google, quando chegamos de volta ao hotel. Havia mais de quatro páginas com o tema. Incrível!

Nós tínhamos a intenção de voltar para casa no dia seguinte, mas a neve nos forçou a ficar mais um dia em Cleveland. Embora fosse um presente agradável, uma vez que Deus deu a nós três um dia para não fazer nada, a não ser relaxar, também tornou a volta para casa mais frenética.

Nós *tínhamos* que voltar para casa a tempo do chute inicial do primeiro jogo de desempate dos Steelers contra os Chargers, de San Diego!

Enrijecendo a Espinha: O Jovem que Alex É

Quem conversar com Alex testemunhará que se há alguma coisa que não falta a ele é a espinha dorsal. A sua espinha física sofreu, devido a músculos atrofiados das costas, e tinha uma curva grave, mas no que diz respeito à espinha verdadeiramente importante — a força de espírito — isso não lhe falta. Essa coragem, combinada com o que ele já viu e continua a vivenciar no mundo celestial, moldou Alex em uma testemunha dinâmica de Jesus Cristo. Se você encontrar o meu filho, você irá ouvir o evangelho.

Para ajudar Alex a se sentar adequadamente em sua cadeira e se beneficiar completamente da "Cirurgia de Christopher Reeve", do Dr. Onders, os seus médicos decidiram que Alex precisava ter barras de aço presas à sua coluna vertebral. Em 1 de dezembro de 2009, Beth e eu enchemos a nossa van para 15 passageiros com equipamentos médicos para Alex, bem como uma mala para Beth, prevendo que os dois ficariam em Cleveland durante duas semanas, enquanto Alex se recuperava.

Na noite anterior à cirurgia, o espírito de Alex estava leve, e todos nos divertimos muito, brincando e simplesmente permanecendo no nosso hotel. Mas quando chegou a manhã e nós passamos pelos procedimentos pré-operatórios, Alex foi ficando cada vez mais nervoso. Ele fez uma série de perguntas, sobre as consequências da cirurgia, e então, virando-se para mim, com o terror desfigurando o seu rosto, disse: "Papai, tenho medo de morrer".

Eu havia tido o mesmo medo durante toda a semana, mas naturalmente não deixei transparecer. Agora, onde eu encontraria as palavras para consolá-lo? Eu reuni as minhas forças, e disse: "Alex, se você morrer, você estará em casa, e se não morrer, nós continuaremos com a vida".

+++

Alex é um garoto espantoso. Você começa a pensar que provavelmente ele precisa de encorajamento, por estar confinado a uma cadeira de rodas. Então você começa a conversar com ele, e imediatamente, acontece o contrário. Alex revigora o seu ânimo! Ele encoraja você! Assim é Alex.

Dan Tullis

Foi pouco surpreendente que o meu comentário não o tranquilizasse. Enquanto levávamos Alex pelo corredor, ele foi ficando agitado e falando de maneira ininteligível. As enfermeiras nos garantiram que ele não se lembraria de ter passado pelo corredor.

Elas nos disseram que a cirurgia demoraria entre cinco e oito horas. Beth preferiu passar esse tempo na sala de espera. Eu andei incessantemente pela região ao redor do hospital. Beth tinha um 'pager'. Eu tinha um celular. Nós estávamos nervosos. A espinha de Alex estava curvada a um ângulo de 89 graus, e ele teria que ser cortado desde a base de seu pescoço até o seu quadril.

Os médicos nos informaram do progresso da cirurgia algumas vezes. Eles terminaram em aproximadamente quatro horas. Em certo momento, o Dr. Onders apareceu para nos dizer que havia acabado de ver como estava Alex. Três pessoas estavam costurando Alex, ele explicou, e o procedimento demoraria aproximadamente uma hora. Depois de terminada a cirurgia, fomos informados de que ela havia sido um tremendo sucesso. A coluna de Alex agora estava perfeitamente reta, e ele estava se recuperando na UTI.

Alex estava desperto quando o vimos, pela primeira vez, mas estava bastante desorientado. Beth ficou com ele na UTI, e eu voltei para o hotel. Voltei ao hospital pela manhã, para me assegurar de que Beth e Alex estavam bem, e então fui para casa, para ficar com os três outros filhos.

Devido a complicações, Alex teve que passar as três semanas seguintes na UTI, recuperando-se da sua cirurgia. Durante esse tempo, Beth ficou com ele todas as noites, raramente deixando o quarto. O que Alex passou, fisicamente, nos quinze dias seguintes, quase desafia qualquer descrição. O Exército de Alex estava orando. Foi uma batalha de proporções titânicas. Em certo ponto, Alex perdeu a visão. Ele teve tremendos problemas para conseguir respirar, e a sua pressão sanguínea oscilava repetidamente entre valores extremamente altos e extremamente baixos. As palavras de Alex saíam como um sussurro fraco. Várias vezes, ele teve certeza de que os seus temores sobre morrer estavam se realizando.

Por mais doloroso que tenha sido este período para Alex, nós estávamos razoavelmente confiantes de que ele se recuperaria. A equipe médica trabalhava intensamente para estabilizá-lo, embora ele não conseguisse melhorar durante muitos dias. Em certa ocasião, durante esse período, a equipe de médicos e outros profissionais — cerca de oito pessoas — se reuniu ao redor da cama de Alex para um esforço conjunto. O corpo flácido de Alex estava largado sobre a cama, ele estava extremamente fraco e os seus sinais vitais eram instáveis. Ele continuava a ter dificuldade para respirar. Em sua condição tão difícil, Alex tinha uma única coisa na mente. Ele levantou seus olhos cansados para olhar para a equipe médica, e em sua voz agora fraca, e sussurrante, perguntou: "Algum de vocês tem um relacionamento pessoal com Deus?"

"Eu tenho", respondeu uma pessoa. As demais trocaram rápidos olhares.

Alex começou a falar sobre Jesus para os demais membros da equipe médica. Ele não mencionou nem uma vez a si mesmo nem às suas circunstâncias. Ele estava preocupado apenas com as outras pessoas e os seus

+++

Todas as vezes que eu deixava Alex, depois de passar algum tempo conversando com ele, me perguntava: "Por que eu não lamento por ele?"

Rachael,
amiga dos Malarkeys

relacionamentos com Deus, por intermédio de Jesus. Como ele tinha pouquíssimo fôlego, Beth se inclinava, ouvia e então agia como intérprete de Alex. Quando ele terminou, uma pessoa da equipe sorriu e disse: "Alex, você é incrível".

Alex respondeu: "*Deus* é incrível. Eu sou apenas um menino".

No decorrer da semana seguinte Beth continuou a me manter informado, enquanto Alex conversava sobre Deus com praticamente todas as pessoas que entravam no seu quarto. Certo dia, entrou uma enfermeira, quando Alex estava exausto demais para falar. Ele olhou para a sua mãe, e disse: "Fale você com ela".

Quando Alex finalmente voltou de Cleveland para casa, depois de um passeio de ambulância de quase 300 quilômetros, perguntei: "Alex, você falou sobre Jesus a todos a quem via?"

Alex sorriu e disse: "Ora, Papai, por favor. É claro que sim!"

É por isso que, quando as pessoas me perguntam se a minha fé está abalada porque Alex ainda não foi completamente curado, a minha resposta é um confiante "não". Certamente, Alex vai ficar completamente curado, seja aqui na terra, seja no céu. A maneira como isso vai ocorrer é uma decisão de Deus, no entanto estou plenamente convencido de que a sua cura acontecerá nesta vida.

Deus tocou tantas vidas e trouxe tanto bem a partir da peregrinação de Alex, que sei que Ele está não apenas conduzindo o seu plano, como está também controlando o tempo do seu plano. É nisto que baseamos a nossa confiante esperança.

E... Ainda não acabou!

[illegible] por intermédio de Jesus Cristo. Era uma [illegible] [illegible] Beth [illegible] ouvir e muito [illegible] [illegible] [illegible] [illegible] Alex [illegible]

[illegible]

Na [illegible] de [illegible] [illegible] [illegible] Deus [illegible] todas as pessoas que [illegible] [illegible] [illegible] [illegible] [illegible]

[illegible] Cleveland para [illegible] [illegible] [illegible] 500 [illegible] [illegible] [illegible]

Alex [illegible] [illegible] por [illegible] [illegible] por isso [illegible] quando as pessoas lhe perguntam [illegible] [illegible] Alex ainda não [illegible] [illegible] [illegible] [illegible] [illegible] [illegible]

Deus tocou certas vidas [illegible] tanto [illegible] a partir da [illegible] [illegible] de Alex [illegible] ele [illegible] [illegible] [illegible] [illegible] [illegible] [illegible] seu plano [illegible] [illegible] [illegible]

[illegible]

Epílogo: Perguntas e respostas com Alex

P: O que você sabe a respeito de um Céu atual e um futuro Céu na terra?

R: Sei que existe um lugar que não é o lugar para onde eu vou. O anjo Ryan me contou que o Céu futuro é onde a gente recebe os novos corpos. Ele deseja ter um desses corpos.

P: Você ouve falar do Novo Céu onde você está?

R: O outro Céu é aqui, agora, mas em um lugar diferente.

P: O Jardim do Éden e/ou a árvore da vida estão no Céu atual?

R: Eu não faço ideia.

P: Há cidades no Céu?

R: Sim. Elas fazem com que Nova York pareça pequena! A silhueta de edifícios é impressionante.

P: Como era o seu corpo no Céu?

R: Nunca prestei muita atenção ao meu corpo. Nunca olhei para baixo nem pensei sobre o meu corpo. Eu estava extremamente impressionado com todo o resto. No entanto, sei que podia andar no Céu.

P: O que você pensa sobre o fato de que Deus disse a Paulo que não falasse sobre o que viu no Céu, mas disse a João que contasse sobre a sua visita?

R: Não me sinto tão estranho quando penso sobre isso. Sou uma mistura dos dois. Há algumas coisas que eu posso contar, e outras que não posso.

P: Você viu o Inferno (do Céu, ou em alguma outra ocasião)?

R: Nunca vi o Inferno. Há o buraco de que lhe falei no Céu externo. Sei que se você passar por esse buraco, você acaba no Inferno. Isso me deixa muito triste.

P: Como é a adoração no Céu?

R: Ela acontece todo o tempo. Os anjos têm sessões de louvor a Deus. Eles vão até o seu trono em certos momentos. Vi os anciãos se inclinando e dizendo: "Santo, santo, santo", porém a parte mais impressionante é a dos anjos atrás dos anciãos. São mais anjos do que você pode contar.

P: Quais pessoas você viu no Céu?

R: Vi pessoas da Bíblia. Eu não posso dizer mais nada.

P: O Céu é um lugar físico?

R: Como eu poderia ter estado ali, se não fosse?

P: Se você fosse falar a um grupo de jovens sobre a oração, o que você diria a eles?

R: Eu me divertiria e lhes diria a verdade. Deus ama você, e Ele está sempre presente. A seguir, descreveria o amor de Deus e a sua presença. Eu gostaria que eles soubessem que Deus nos ouve quando oramos e que Ele nos ama.

P: O que você diria às pessoas sobre a batalha espiritual?

R: Eu diria apenas três coisas principais: (1) Satanás é um perdedor, e ele já perdeu; (2) os demônios estão tentando incessantemente criar problemas para as pessoas; (3) nós precisamos de Jesus em nossos corações para combater os demônios.

P: Se o presidente dos Estados Unidos estivesse ao telefone, falando com você, o que você lhe diria?

R: Deixe que Deus seja o seu líder. Siga a Deus, e tente fazer com que as pessoas o sigam. Se você agir assim, nada de mal poderá acontecer. E, a propósito, Georgetown é uma droga. Avante, Bucks!

P: O que você diria a alguém que está perturbado ou ansioso?

R: Eu diria apenas "Peça a ajuda de Deus".

Apêndice de Passagens das Escrituras

Anjos

Porque aos seus anjos dará ordem a teu respeito,
para te guardarem em todos os teus caminhos.
Eles te sustentarão nas suas mãos, para que não
tropeces com o teu pé em pedra. SALMOS 91.11,12

Há alegria diante dos anjos de Deus por um pecador que se arrepende. LUCAS 15.10

Não são, porventura, todos eles espíritos ministradores, enviados para servir a favor daqueles que hão de herdar a salvação? HEBREUS 1.14

Mas, em certo lugar, testificou alguém,
dizendo: Que é o homem, para que dele te lembres?
Ou o filho do homem, para que o visites?
Tu o fizeste um pouco menor do que os anjos,
de glória e de honra o coroaste e o constituíste sobre as obras de tuas mãos. HEBREUS 2.6,7

Não vos esqueçais da hospitalidade, porque, por ela, alguns, não o sabendo, hospedaram anjos. HEBREUS 13.2

Aos quais foi revelado que, não para si mesmos, mas para nós, eles ministravam estas coisas que, agora, vos foram anunciadas por aqueles que, pelo Espírito Santo enviado do céu, vos pregaram o evangelho, para as quais coisas os anjos desejam bem atentar. 1 PEDRO 1.12

E todos os anjos estavam ao redor do trono, e dos anciãos, e dos quatro animais; e prostraram-se diante do trono sobre seu rosto e adoraram a Deus, dizendo:
Amém! Louvor, e glória, e sabedoria,
e ações de graças, e honra, e poder,
e força ao nosso Deus,
para todo o sempre. Amém! APOCALIPSE 7.11,12

O Cuidado de Deus com as Crianças

E ouviu Deus a voz do menino, e bradou o Anjo de Deus a Agar desde os céus e disse-lhe: Que tens, Agar? Não temas, porque Deus ouviu a voz do rapaz desde o lugar onde está. Ergue-te, levanta o moço e pega-lhe pela mão, porque dele farei uma grande nação. GÊNESIS 21.17,18

E estas palavras que hoje te ordeno estarão no teu coração; e as intimarás a teus filhos e delas falarás assentado em tua casa, e andando pelo caminho, e deitando-te, e levantando-te. Também as atarás por sinal na tua mão, e te serão por testeiras entre os teus olhos. E as escreverás nos umbrais de tua casa e nas tuas portas. DEUTERONÔMIO 6.6-9

Da boca das crianças
e dos que mamam tu suscitaste força,
por causa dos teus adversários,
para fazeres calar o inimigo e vingativo. SALMOS 8.2

Porque no dia da adversidade me esconderá no seu pavilhão;
no oculto do seu tabernáculo me esconderá;
por-me-á sobre uma rocha. SALMOS 27.5

Não os encobriremos aos seus filhos,
mostrando à geração futura os louvores
do Senhor, assim como a sua força e as
maravilhas que fez. SALMOS 78.4

Como um pai se compadece de seus filhos, assim o Senhor se compadece daqueles que o temem. SALMOS 103.13

Eis que os filhos são herança do Senhor,
e o fruto do ventre, o seu galardão. SALMOS 127.3

Instrui o menino no caminho em que deve andar,
e, até quando envelhecer, não se desviará dele. PROVÉRBIOS 22.6

Antes que eu te formasse no ventre, eu te conheci; e, antes que saísses da madre, te santifiquei e às nações te dei por profeta.

JEREMIAS 1.5

Naquele tempo, respondendo Jesus, disse: Graças te dou, ó Pai, Senhor do céu e da terra, que ocultaste estas coisas aos sábios e instruídos e as revelaste aos pequeninos. Sim, ó Pai, porque assim te aprouve.

MATEUS 11.25,26

Naquela mesma hora, chegaram os discípulos ao pé de Jesus, dizendo: Quem é o maior no Reino dos céus? E Jesus, chamando uma criança, a pôs no meio deles e disse: Em verdade vos digo que, se não vos converterdes e não vos fizerdes como crianças, de modo algum entrareis no Reino dos céus. Portanto, aquele que se tornar humilde como esta criança, esse é o maior no Reino dos céus. E qualquer que receber em meu nome uma criança tal como esta a mim me recebe. Mas qualquer que escandalizar um destes pequeninos que creem em mim, melhor lhe fora que se lhe pendurasse ao pescoço uma mó de azenha, e se submergisse na profundeza do mar.

MATEUS 18.1-6

Vendo, então, os principais dos sacerdotes e os escribas as maravilhas que fazia e os meninos clamando no templo: Hosana ao Filho de Davi, indignaram-se e disseram-lhe: Ouves o que estes dizem?
E Jesus lhes disse: Sim; nunca lestes: Pela boca dos meninos e das criancinhas de peito tiraste o perfeito louvor? MATEUS 21.15,16

E traziam-lhe crianças para que lhes tocasse, mas os discípulos repreendiam aos que lhas traziam.
Jesus, porém, vendo isso, indignou-se e disse-lhes: Deixai vir os pequeninos a mim e não os impeçais, porque dos tais é o Reino de Deus. Em verdade vos digo que qualquer que não receber o Reino de Deus como uma criança de maneira nenhuma entrará nele. E, tomando-as nos seus braços e impondo-lhes as mãos, as abençoou.

MARCOS 10.13-16

Mas a todos quantos o receberam deu-lhes o poder de serem feitos filhos de Deus. JOÃO 1.12

Ninguém despreze a tua mocidade; mas sê o exemplo dos fiéis, na palavra, no trato, na caridade, no espírito, na fé, na pureza.

1 TIMÓTEO 4.12

E já vos esquecestes da exortação que argumenta convosco como filhos:
Filho meu, não desprezes a correção do Senhor e não desmaies quando, por ele, fores repreendido;
porque o Senhor corrige o que ama e açoita a qualquer que recebe por filho.
Se suportais a correção, Deus vos trata como filhos; porque que filho há a quem o pai não corrija? Mas, se estais sem disciplina, da qual todos são feitos participantes, sois, então, bastardos e não filhos. Além do que, tivemos nossos pais segundo a carne, para nos corrigirem, e nós os reverenciamos; não nos sujeitaremos muito mais ao Pai dos espíritos, para vivermos? HEBREUS 12.5-9

Céu

Far-me-ás ver a vereda da vida;
na tua presença há abundância de alegrias;
à tua mão direita há delícias perpetuamente. SALMOS 16.11

Certamente que a bondade e a misericórdia me
seguirão todos os dias da minha vida;
e habitarei na Casa do Senhor por l
ongos dias. SALMOS 23.6

No ano em que morreu o rei Uzias, eu vi ao Senhor assentado sobre um alto e sublime trono; e o seu séquito enchia o templo. Os serafins estavam acima dele; cada um tinha seis asas: com duas cobriam o rosto, e com duas cobriam os pés, e com duas voavam. E clamavam uns para os outros, dizendo: Santo, Santo, Santo é o Senhor dos Exércitos;
toda a terra está cheia da sua glória. ISAÍAS 6.1-3

Portanto, vós orareis assim:
Pai nosso, que estás nos céus,
santificado seja o teu nome.
Venha o teu Reino. Seja feita a tua vontade,
tanto na terra como no céu. MATEUS 6.9,10

Não ajunteis tesouros na terra, onde a traça e a ferrugem tudo consomem, e onde os ladrões minam e roubam. Mas ajuntai tesouros no céu, onde nem a traça nem a ferrugem consomem, e onde os ladrões não minam, nem roubam. Porque onde estiver o vosso tesouro, aí estará também o vosso coração. MATEUS 6.19-21

[Jesus] respondeu-lhes e disse: O Reino de Deus não vem com aparência exterior. Nem dirão: Ei-lo aqui! Ou: Ei-lo ali! Porque eis que o Reino de Deus está entre vós. LUCAS 17.20,21

Não se turbe o vosso coração; credes em Deus, crede também em mim. Na casa de meu Pai há muitas moradas; se não fosse assim, eu vo-lo teria dito, pois vou preparar-vos lugar. E, se eu for e vos preparar lugar, virei outra vez e vos levarei para mim mesmo, para que, onde eu estiver, estejais vós também. Mesmo vós sabeis para onde vou e conheceis o caminho... Eu sou o caminho, e a verdade, e a vida. Ninguém vem ao Pai senão por mim. JOÃO 14.1-4,6

Porque a criação ficou sujeita à vaidade, não por sua vontade, mas por causa do que a sujeitou, na esperança de que também a mesma criatura será libertada da servidão da corrupção, para a liberdade da glória dos filhos de Deus. Porque sabemos que toda a criação geme e está juntamente com dores de parto até agora. E não só ela, mas nós mesmos, que temos as primícias do Espírito, também gememos em nós mesmos, esperando a adoção, a saber, a redenção do nosso corpo. ROMANOS 8.20-23

E, agora, digo isto, irmãos: que carne e sangue não podem herdar o Reino de Deus, nem a corrupção herda a incorrupção. Eis aqui vos digo um mistério: Na verdade, nem todos dormiremos, mas todos seremos transformados, num momento, num abrir e fechar de olhos, ante a última trombeta; porque a trombeta soará, e os mortos ressuscitarão incorruptíveis, e nós seremos transformados. Porque convém que isto que é corruptível se revista da incorruptibilidade e que isto que é mortal se revista da imortalidade. 1 CORÍNTIOS 15.50-53

Porque sabemos que, se a nossa casa terrestre deste tabernáculo se desfizer (isto é, quando morrermos e deixarmos este corpo terreno), temos de Deus um edifício, uma casa não feita por mãos, eterna, nos céus. E, por isso, também gememos, desejando ser revestidos da nossa habitação, que é do céu; se, todavia, estando vestidos, não formos achados nus. Porque também nós, os que estamos neste tabernáculo, gememos carregados, não porque queremos ser despidos, mas revestidos, para que o mortal seja absorvido pela vida. Ora, quem para isso mesmo nos preparou foi Deus, o qual nos deu também o penhor do Espírito. Pelo que estamos sempre de bom ânimo, sabendo que, enquanto estamos no corpo, vivemos ausentes do Senhor (Porque andamos por fé e não por vista.). Mas temos confiança e desejamos, antes, deixar este corpo, para habitar com o Senhor. 2 CORÍNTIOS 5.1-8

Mas a nossa cidade está nos céus, donde também esperamos o Salvador, o Senhor Jesus Cristo, que transformará o nosso corpo abatido, para ser conforme o seu corpo glorioso, segundo o seu eficaz poder de sujeitar também a si todas as coisas. FILIPENSES 3.20,21

Mas chegastes ao monte Sião, e à cidade do Deus vivo, à Jerusalém celestial, e aos muitos milhares de anjos. HEBREUS 12.22

E ouvi uma grande voz do céu, que dizia: Eis aqui o tabernáculo de Deus com os homens, pois com eles habitará, e eles serão o seu povo, e o mesmo Deus estará com eles e será o seu Deus. E Deus limpará de seus olhos toda lágrima, e não haverá mais morte, nem pranto, nem clamor, nem dor, porque já as primeiras coisas são passadas.

APOCALIPSE 21.3,4

E [um dos sete anjos] levou-me em espírito a um grande e alto monte e mostrou-me a grande cidade, a santa Jerusalém, que de Deus descia do céu. E tinha a glória de Deus. A sua luz era semelhante a uma pedra preciosíssima, como a pedra de jaspe, como o cristal resplandecente. E tinha um grande e alto muro com doze portas, e, nas portas, doze anjos, e nomes escritos sobre elas, que são os nomes das doze tribos de Israel. Da banda do levante, tinha três portas; da banda do norte, três portas; da banda do sul, três portas; da banda do poente, três portas. E o muro da cidade tinha doze fundamentos e, neles, os nomes dos doze apóstolos do Cordeiro. E a fábrica do seu muro era de jaspe, e a cidade, de ouro puro, semelhante a vidro puro. E os fundamentos do muro da cidade estavam adornados de toda pedra preciosa. O primeiro fundamento era jaspe; o segundo, safira; o terceiro, calcedônia; o quarto, esmeralda; o quinto, sardônica; o sexto, sárdio; o sétimo, crisólito; o oitavo, berilo; o nono, topázio; o décimo, crisópraso; o undécimo, jacinto; o duodécimo, ametista. E as doze portas eram doze pérolas: cada uma das portas era uma pérola; e a praça da cidade, de ouro puro, como vidro transparente.

APOCALIPSE 21.10-14, 18-21